KB265150

그리스도의 교리

이문선 지음 · 두루제자훈련원 편

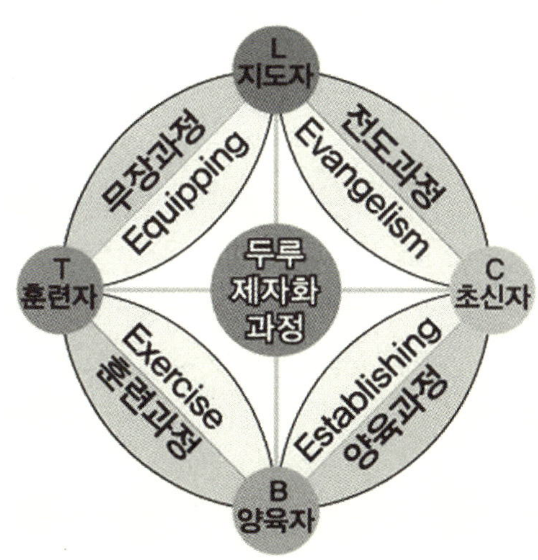

엔크리스토
ENCHRISTO

"예수께서 모든 도시와 마을에 두루 다니사

그들의 회당에서 가르치시며

천국 복음을 전파하시며

모든 병과 모든 약한 것을 고치시니라"

(마 9:35)

두루제자훈련원(두루선교회)은

예수님이 모든 도시와 마을에 두루 다니사

가르치시며(teaching ministry)

전파하시며(preaching ministry)

고치시는(healing ministry)

사역을 하신 것을 통하여

두루선교에 대한 비전을 가지고 사역하고 있다.

···두루제자훈련 교재를 **발간**하며

주님께서 우리에게 부탁하신 지상명령은 이 땅 위에 하나님의 나라를 확장하라는 것입니다.

하나님의 나라를 확장하려면 평신도들이 재생산하는 주님의 제자가 되어야 합니다.

주님의 교회는 성도들을 재생산하는 제자로 훈련시켜야 합니다.

이것은 교회 성장을 넘어 교회보다 더 큰 개념인 하나님 나라의 확장을 이루기 위한 것입니다. 우리는 지상명령을 실천하기 위하여 평신도를 무장하려고 합니다.

이 일을 위한 방편으로 그 동안 교회의 목회 현장에서 목회자들과 성도들과 청년들과 함께 공부해 오던 내용들을 정리하여 부족하지만 교재로 출간하게 되었습니다.

본인의 경우 부교역자 때 처음 청년부에 적용해 보았는데 그들이 예수님을 영접하고 말씀을 열심히 배우고 교회로 돌아오고 변화되는 것을 경험하였습니다.

교회를 개척하여 장년부에도 적용하여 보았는데 기존 교인들보다 오히려 초신자들이 더 열심히 배우고 빠르게 성장하는 것을 경험하였습니다.

고등학생 두 명을 데리고 제자성경공부를 시작하였는데 이들이 크게 성장하여 이후 대학에 들어가 캠퍼스에서 제자훈련을 실시하게 되었습니다.

복음을 듣고 교회 출석하여 6개월만에 학습 받고 캠퍼스 리더로 사역하는 모델도 나왔습니다. 큰 교회는 말할 것도 없거니와 작은 교회는 한번 실시해 보기를 권합니다.

개척교회라 사람이 없으면 여자반, 남자반, 청년반, 학생반 네 반을 만들어 각 반에 최소 두 명으로 시작해 볼 것을 권합니다. 교회가 건강하게 성장하고 성도들이 행복하게 신앙 생활하며 재생산하는 것을 경험하게 될 것입니다.

하나님께서 훈련되고 무장된 성도들을 구름 떼와 같이 일으키셔서 하나님의 나라가 크게 확장되어 가기를 소망합니다.

2006. 새해 아침에

이문선(Moon Sun Lee)

>>목회자반

교리에 대하여 체계적인 가르침을 받게 되어 감사함이 넘친다. 삼위일체에 대해서 공부하며 나를 재창조하신 삼위 하나님의 그 깊고 구체적인 역사 앞에 황송함을 느끼고 더불어 자존감의 회복을 경험하였다.

삼위일체 하나님의 권위와 능력 앞에 우리의 죄 문제가 해결되었고, 하나님의 자녀로 세워진 것과 성령 충만함이 복음에 목숨을 건 헌신자가 되게 하는데 부족함이 없는 원천이 되었다. 그리고 이제 하나님의 나라를 위한 영적 전쟁에서 매일 승리하리라는 확신을 갖게 되었다. 주님의 재림에 대해 공부하면서 재림을 깨어 사모하고 기대하며 기도하라는 가르침은 '아멘' 해야 할 명령이 되었다.

이제 다시 오실 주님 앞에 아름답고 충성스런, 칭찬받는 종으로 설 수 있기를 기도한다. 내가 반드시 다시 오시는 주님을 맞이하리라. 아멘.

>>평신도반

처음 신앙 생활을 시작할 때 잘못 받아들인 왜곡된 종말론으로 인해 마음에 심한 부담감을 안고 20여 년을 넘게 종말과 재림에 대해 많은 거부감이 있어 왔다. '주님의 재림' 하면 세상의 끝이나 심판과 환난, 핍박만 강조되었으므로 그것에 대해 알고 싶다기보다는 오히려 외면하고 싶었던 것이 사실이다.

그런데 금번 주님의 재림에 대해 공부하면서, 나를 위해 그리고 나와 영원히 함께 하시기 위해 약속대로 다시 오실 주님을 만나길 기다리는 신앙으로 바뀌어져 참 감사하다. 앞으로 주님이 다시 오실 때 참으로 기뻐하실 신부가 되기 위해 말씀과 기도로 잘 준비해야겠다. 주님의 재림 시 일어나는 일의 순서에 대해 데살로니가 4장 말씀을 중심으로 공부하면서 평소에 막연하게 생각되었던 부분이 명쾌하게 정리정돈이 되었고 주님의 재림에 대한 소망과 견고한 확신 가운데 설 수 있게 되었다.

제9권 240 제자훈련과정 4단계
그리스도의 교리

그리스도인이 알아야 할 교리를 배우므로 더욱
신앙의 뼈대를 든든히 세우도록 힘쓰고 있다.

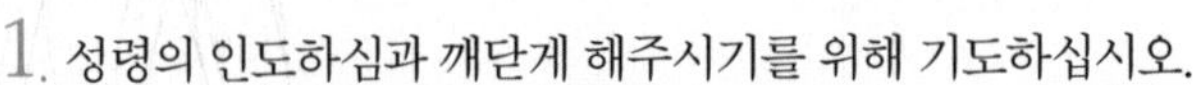

1. 성령의 인도하심과 깨닫게 해주시기를 위해 기도하십시오.

2. 결석과 지각을 하지 않고 성실히 참석하도록 하십시오.

3. 예습과 복습을 철저히 하십시오.

4. 각 참고 구절의 배경과 의미를 파악하십시오.

5. 토의에 적극 참여하도록 하십시오.

6. 열린 마음으로 정답이 아니라 자신의 생각을 나누십시오.

7. 작은 실천을 구체적으로 적용하십시오.

8. 적용한 것을 실천하기 위해 기도하십시오.

9. 지식적인 성경공부보다 인격과 삶의 변화에 힘쓰십시오.

10. 각 과의 소감과 깨달은 말씀을 정리해 놓으십시오.

11. 과제를 철저히 하는 습관을 기르십시오.

12. 매일 경건 생활을 훈련하는 습관을 기르십시오.

1. 삼위일체 하나님

"예수께서 세례를 받으시고 곧 물에서 올라오실새 하늘이 열리고 하나님의 성령이 비둘기 같이 내려 자기 위에 임하심을 보시더니 하늘로부터 소리가 있어 말씀하시되 이는 내 사랑하는 아들이요 내 기뻐하는 자라 하시니라" (마 3:16-17)

1

기독교는 삼위일체 하나님을 믿는 종교입니다.

따라서 삼위일체론은 기독교 신앙의 핵심이라 할 수 있습니다.

삼위일체라는 말 자체는 성경에 나오지 않지만 이것은 성경에 계시된 진리입니다.

(신 6:4) 이스라엘아 들으라 우리 하나님 여호와는 오직 유일한 여호와이시니

하나님은 오직 한 분만 계실 뿐입니다.

그러나 하나님은 삼위(세 인격)가 계십니다.

삼위일체(trinity)란 셋의 통일성(tri-unity)을 뜻하며 삼위는 일체이십니다.

삼위가 일체라는 것은 우리의 이성으로 이해가 되지 않는 신비입니다.

그러나 성경이 이 진리를 말하기 때문에 믿음으로 받아들이는 것입니다.

우리가 믿는 삼위일체 하나님은 성부 하나님, 성자 하나님, 성령 하나님이신 삼위신(三位神)으로서 인격적이시며 각기 독립적인 분이시지만 그 신성이 단일하기 때문에 삼위(三位)는 일체(一體)이시다는 것입니다.

1. 삼위일체 하나님에 대한 이단들

1) 역사상 삼위일체에 대한 두 가지 이단적인 이론의 문제점은 무엇입니까?

① 단일신론

양자론적 단일신론의 대표적인 인물은 '아리우스(Arius)' 입니다.이 이론은 예수님을 양자로 채용하였다고 하며 성자와 성령의 신성을 부인하고 이를 피조물로 봅니다.

양태론적 단일신론의 대표적인 인물은 '사벨리우스' 입니다.

이 이론은 하나님은 한 분인데 예를 들어, 한 사람이 집에서는 아버지로, 학교에서는 교수로, 교회에서는 목회자로 나타나는 것과 같다고 봅니다.

② 다신론

성부, 성자, 성령 하나님이 따로따로 존재한다는 삼신(三神: 3gods)주의입니다.

2) 나는 혹시 하나님을 이렇게 믿지는 않았습니까?

3) 삼위 하나님이 어떤 분으로 호칭되고 있습니까?

(엡 5:20) 범사에 우리 주 예수 그리스도의 이름으로 항상 아버지 하나님께 감사하며

(사 9:6) 이는 한 아기가 우리에게 났고 한 아들을 우리에게 주신 바 되었는데 그 어깨에는 정사를 메었고 그 이름은 기묘자라, 모사라, 전능하신 하나님이라,

(요 1:1) 태초에 말씀이 계시니라 이 말씀이 하나님과 함께 계셨으니 이 말씀은 곧 하나님이시니라

(요 1:18) 본래 하나님을 본 사람이 없으되 아버지 품 속에 있는 독생하신 하나님이 나타내셨느니라

(딛 2:13) 복스러운 소망과 우리의 크신 하나님 구주 예수 그리스도의 영광이 나타나심을 기다리게 하셨으니

(요일 5:20) 또한 우리가 참된 자 곧 그의 아들 예수 그리스도 안에 있는 것이니 그는 참 하나님이시요 영생이시라

(행 5:3) 베드로가 이르되 아나니아야 어찌하여 사탄이 네 마음에 가득하여 네가 성령을 속이고 땅 값 얼마를 감추었느냐

(행 5:4) —— 사람에게 거짓말한 것이 아니요 하나님께로다

4) 나는 예수님과 성령님도 하나님이시라는 사실을 확실히 믿습니까?

삼위 하나님에 대해서 잘못 알았던 것이 있다면 어떻게 하겠습니까?

2. 성경에 계시된 삼위일체

1) 구약에서 삼위일체를 계시해 주는 구절들을 설명해 보십시오.

(창 1:26) 하나님이 이르시되 우리의 형상을 따라 우리의 모양대로 우리가 사람을 만들고

(사 48:16) 이제는 주 여호와께서 나와 그의 영을 보내셨느니라

(사 61:1) 주 여호와의 영이 내게 내리셨으니 이는 여호와께서 내게 기름을 부으사 가난한 자에게 아름다운 소식을 전하게 하려 하심이라

2) 구약에서도 삼위 하나님이 나타나고 있다는 것은 무엇을 말해 줍니까?

3) 신약에서 삼위일체를 나타내는 구절들을 설명해 보십시오.

(마 3:16) 예수께서 세례를 받으시고 곧 물에서 올라오실새 하늘이 열리고 하나님의 성령이 비둘기 같이 내려 자기 위에 임하심을 보시더니

(마 3:17) 하늘로부터 소리가 있어 말씀하시되 이는 내 사랑하는 아들이요 내 기뻐하는 자라 하시니라

(고후 13:13) 주 예수 그리스도의 은혜와 하나님의 사랑과 성령의 교통하심이 너희 무리와 함께 있을지어다

(마 28:19) 그러므로 너희는 가서 모든 민족을 제자로 삼아 아버지와 아들과 성령의 이름으로 세례를 베풀고

(요 14:16) 내가 아버지께 구하겠으니 그가 또 다른 보혜사를 너희에게 주사 영원토록 너희와 함께 있게 하리니

(엡 2:18) 이는 그로 말미암아 우리 둘이 한 성령 안에서 아버지께 나아감을 얻게 하려 하심이라

(엡 4:4) 성령도 한 분이시니—— (엡 4:5) 주도 한 분이시요—— (엡 4:6) 하나님도 한 분이시니

(벧전 1:2) 곧 하나님 아버지의 미리 아심을 따라 성령이 거룩하게 하심으로 순종함과 예수 그리스도의 피 뿌림을 얻기 위하여 택하심을 받은 자들에게 편지하노니

(고전 12:4) 은사는 여러 가지나 성령은 같고

(고전 12:5) 직분은 여러 가지나 주는 같으며

(고전 12:6) 또 사역은 여러 가지나 모든 것을 모든 사람 가운데서 이루시는 하나님은 같으니

4) 나는 삼위일체론이 성경의 계시라는 것을 확실히 믿습니까?

3. 삼위일체론의 교리 형성

1) 삼위일체 교리의 형성 과정에서 중요한 것들을 말해 보십시오.

① 삼위일체라는 말은 터툴리안이 처음 사용하였습니다.

② 니케아 회의(주후 325년)에서 성자 피조설을 정죄하고 성자는 참

하나님이시라는 고백과 함께 삼위일체론을 결의하였습니다.

③ 콘스탄티노플 회의(주후 381년)에서 성령의 피조설을 부인하고 성령이 하나님이시라는 사실을 첨가하였습니다.

④ 아다나시우스 신조(약 5세기 말엽)는 삼위일체론에 대한 신조입니다.

'삼위 안에 일체, 일체 안의 삼위께서 경배를 받을지니라' 고 고백합니다.

⑤ 웨스트민스터 신조(1648년 3월 공표)에는 삼위일체 교리가 짧지만 잘 정립되어 있습니다.

2) 각 신조의 공헌과 특징은 무엇입니까?

3) 역사상, 교리는 이단들의 등장으로 발전하게 되었고 삼위일체 교리도 이단의 등장으로 오랜 역사적인 과정을 걸쳐 정립되었습니다. 나는 하나님께서 삼위일체 교리를 확립하게 하셨다는 사실을 믿습니까?

4) 나는 삼위일체를 믿으면서도 잘못 알고 믿었다면 어떻게 하겠습니까?

4. 웨스트민스터 신조의 삼위일체

단일한 신성에 삼위가 계시니 곧 그 본질과 권능과 영원성이 동일하신 성부 하나님, 성자 하나님, 성령 하나님이시다.

성부는 그 누구에게 속하시지 않고, 아무에게도 나시지 아니했으며, 나오시지도 않으시며, 성자는 아버지에게서 영원히 나시었고, 성령은 성부와 성자에게서 영원히 나오신다.(차영배 역)

In the unity of the Godhead there be three persons, of one substance, power, and eternity; God the Father, God the Son, and God the Holy Ghost.

The Father is none, neither begotten nor proceeding; the Son is eternally begotten of the Father; the Holy Ghost eternally proceeding from the Father and the Son.

1) 웨스트민스터 신조의 삼위일체론을 설명해 보십시오.

① 삼위가 계심: '단일한 신성에 삼위가 계시니'

하나님은 삼위로 존재하시는 것이 아니라 삼위가 존재하십니다.

삼위가 한 본체의 부분으로 존재하시는 것이 아니라 성부는 100% 하나님이시고, 성자는 100% 하나님이시고, 성령은 100% 하나님이십니다.

② 삼위의 신성은 동일함: '곧 그 본질과 권능과 영원성이 동일하신'

삼위의 본질이 동일하고 권능이 동일하고 영원성이 동일합니다.

삼위 하나님은 동질이시고 동등하시므로 그 신성은 단일 혹은 유일하십니다.

삼위가 계시는데 일체(unity) 가운데 계십니다.

③ 삼위는 서로 구별됨: '성부 하나님, 성자 하나님, 성령 하나님이시다'

삼위는 그 호칭이 다 하나님이시지만 성부 하나님, 성자 하나님, 성령 하나님으로 각각 그 이름이 다릅니다.

성부는 성자가 아니며 성령은 성자가 아니고 서로 구별됩니다.

3) 삼위 하나님의 특성은 무엇입니까?

① 성부 하나님의 특성: '성부는 그 누구에게 속하시지 않고, 아무에게도 나시지 아니했으며, 나오시지도 않으시며'

'성부는 그 누구에게 속하시지 않고' 는 성부 자신을 설명한 말이고 '아

무에게도 나시지 아니했으며' 는 성자와 다르다는 말이고 '나오시지도
않으시며' 는 성령과 다르다는 말입니다.

② 성자 하나님의 특성: '성자는 아버지에게서 영원히 나시었고'

(요 1:1) 태초에 말씀이 계시니라 이 말씀이 하나님과 함께 계셨으니 이 말씀은
곧 하나님이시니라

성자는 성부에게서 나셨으므로 성부와 동질이신 하나님이십니다.

③ 성령 하나님의 특성: '성령은 성부와 성자에게서 영원히 나오신다'

성령은 영원 전부터 성부로부터 나오시지만 성자로부터도 나오시는
영이십니다. 이것이 휠리오쿠에(Filioque 아들로부터도) 교리입니다.

(요 15:26) 내가 아버지께로부터 너희에게 보낼 보혜사 곧 아버지께부터 나오시
는 진리의 성령이 오실 때에 그가 나를 증언하실 것이요

　　4) 내가 믿는 삼위일체 하나님에 대한 고백을 해 보십시오.

5. 삼위 하나님의 역할

1) 각 사역에서 삼위 하나님의 역할은 무엇입니까?

(창 1:1) 태초에 하나님이 천지를 창조하시니라 (창 1:2) 땅이 혼돈하고 공허하며
흑암이 깊음 위에 있고 하나님의 영은 수면 위에 운행하시니라

(욥 26:13) 그의 입김으로 하늘을 맑게 하시고

(요 1:3) 만물이 그로 말미암아 지은 바 되었으니 지은 것이 하나도 그가 없이는
된 것이 없느니라

(엡 1:4) 곧 창세 전에 그리스도 안에서 우리를 택하사 우리로 사랑 안에서 그 앞
에 거룩하고 흠이 없게 하시려고

(엡 1:7) 우리는 그리스도 안에서 그의 은혜의 풍성함을 따라 그의 피로 말미암
아 속량 곧 죄 사함을 받았느니라

(엡 1:13) 그 안에서 너희도 진리의 말씀 곧 너희의 구원의 복음을 듣고 그 안에

서 또한 믿어 약속의 성령으로 인치심을 받았으니

(눅 1:35) 천사가 대답하여 이르되 성령이 네게 임하시고 지극히 높으신 이의 능력이 너를 덮으시리니 이러므로 나실 바 거룩한 이는 하나님의 아들이라 일컬어지리라

2) 삼위 하나님의 역사가 어디에서 끝을 맺고 있습니까?

(계 22:1) 또 그가 수정 같이 맑은 생명수의 강을 내게 보이니 하나님과 및 어린 양의 보좌로부터 나와서 (계 22:2) 길 가운데로 흐르더라

(계 22:17) 성령과 신부가 말씀하시기를 오라 하시는도다

3) 나는 삼위 하나님이 하신 일을 볼 때 무엇을 배우게 됩니까?

4) 나는 삼위 하나님의 역사를 보면서 어떻게 반응하겠습니까?

이 과를 마치면서

1. 우리가 믿는 하나님은 삼위일체 하나님이시고 영생은 하나님을 아는 것입니다. 삼위일체 하나님을 바로 알고 믿을 수 있도록 기도하기 바랍니다.

소감 및 깨달은 말씀

2. 죄

"그러므로 한 사람으로 말미암아 죄가 세상에 들어오고
죄로 말미암아 사망이 들어왔나니 이와 같이 모든 사람이 죄를 지었으므로
사망이 모든 사람에게 이르렀느니라" (롬 5:12)

2

인간의 죄와 인간의 구원은 성경의 중요한 주제입니다.

인간은 죄로 인해 고통당하고 있고, 하나님은 크신 은총으로 인간을 죄에서 구원해 주십니다.

성경에서 죄란 용어는 죄, 악, 범죄, 죄악, 과오, 과실, 위반, 반역, 허물 등으로 다양하게 사용되고 있습니다.

사전에서는 죄란 범죄, 악, 일반적 도덕의 위반, 종교나 사회적 규범의 위반이라고 정의합니다.

행위의 죄는 하나님의 말씀을 범하거나 그에 불순종하는 것입니다.

상태의 죄는 공의가 없는 인간의 타락한 상태 자체를 말하는 죄입니다.

본질의 죄는 하나님과 화목하지 못하고 불화한 죄를 말합니다.

죄에 대한 중요한 용어로서

'하말티아' 는 '표적을 못 맞히다, 표적에서 화살이 빗나가다' 란 의미입니다.

'파라바시스' 는 '율법 위반, 넘어감, 월권한다' 는 뜻입니다.

'파랍토마' 는 '미끄러진다' 로 바른 길에서 미끄러지고 떨어지는 것을 뜻합니다.

'아노미아' 는 불법, 무법, 율법을 멸시하거나 거스르는 것입니다.

1. 죄의 정의와 기원

1) 죄란 무엇입니까?

(요일 3:4) 죄를 짓는 자마다 불법을 행하나니 죄는 불법이라

(요일 5:17) 모든 불의가 죄로되 사망에 이르지 아니하는 죄도 있도다

(롬 14:23) 믿음을 따라 하지 아니하는 것은 다 죄니라

(약 4:17) 그러므로 사람이 선을 행할 줄 알고도 행하지 아니하면 죄니라

(롬 5:19) 한 사람이 순종하지 아니함으로 많은 사람이 죄인 된 것 같이

(롬 1:18) 하나님의 진노가 불의로 진리를 막는 사람들의 모든 경건하지 않음과

(요 16:9) 죄에 대하여라 함은 그들이 나를 믿지 아니함이요

(막 3:29) 누구든지 성령을 모독하는 자는 영원히 사하심을 얻지 못하고

(요일 2:22) 거짓말하는 자가 누구냐 예수께서 그리스도이심을 부인하는 자가 아니냐 아버지와 아들을 부인하는 그가 적그리스도니

2) 죄의 기원은 누구이고 죄의 근원은 어디입니까?

(요일 3:8) 죄를 짓는 자는 마귀에게 속하나니 마귀는 처음부터 범죄함이라

(롬 5:12) 그러므로 한 사람으로 말미암아 죄가 세상에 들어오고

(렘 17:9) 만물보다 거짓되고 심히 부패한 것은 마음이라 누가 능히 이를 알리요 마는

(롬 7:17) 이제는 그것을 행하는 자가 내가 아니요 내 속에 거하는 죄니라

3) 내가 죄에 대해 새롭게 깨달은 것은 무엇입니까?

내가 죄를 죄로 알지 못하고 지었던 것은 무엇입니까?

4) 죄의 가공할 만한 영향력에 대해서 말해 보십시오.

나는 마음으로 자주 짓는 죄를 어떻게 처리하겠습니까?

(창 6:13) 하나님이 노아에게 이르시되 모든 혈육 있는 자의 포악함이 땅에 가득

하므로 그 끝 날이 내 앞에 이르렀으니 내가 그들을 땅과 함께 멸하리라

2. 죄의 목록

1) 성경에서 죄의 목록을 찾아 말해 보십시오.

(출 20:3-17) 십계명

(막 7:21) 속에서 곧 사람의 마음에서 나오는 것은 악한 생각 곧 음란과 도둑질과 살인과 (막 7:22) 간음과 탐욕과 악독과 속임과 음탕과 질투와 비방과 교만과 우매함이니

(롬 1:29) 곧 모든 불의, 추악, 탐욕, 악의가 가득한 자요 시기, 살인, 분쟁, 사기, 악독이 가득한 자요 수군수군하는 자요 (롬 1:30) 비방하는 자요 하나님께서 미워하시는 자요 능욕하는 자요 교만한 자요 자랑하는 자요 악을 도모하는 자요 부모를 거역하는 자요 (롬 1:31) 우매한 자요 배약하는 자요 무정한 자요 무자비한 자라

(롬 13:13) 방탕하거나 술 취하지 말며 음란하거나 호색하지 말며 다투거나 시기하지 말고

(고전 5:11) 이제 내가 너희에게 쓴 것은 만일 어떤 형제라 일컫는 자가 음행하거나 탐욕을 부리거나 우상 숭배를 하거나 모욕하거나 술 취하거나 속여 빼앗거든 사귀지도 말고

(고전 6:9) 미혹을 받지 말라 음행하는 자나 우상 숭배하는 자나 간음하는 자나 탐색하는 자나 남색하는 자나 (고전 6:10) 도적이나 탐욕을 부리는 자나 술 취하는 자나 모욕하는 자나 속여 빼앗는 자들은 하나님의 나라를 유업으로 받지 못하리라

(고후 12:20) 또 다툼과 시기와 분냄과 당 짓는 것과 비방과 수군거림과 거만함과 혼란이 있을까 두려워하고

(갈 5:19) 육체의 일은 분명하니 곧 음행과 더러운 것과 호색과 (갈 5:20) 우상 숭배와 주술과 원수 맺는 것과 분쟁과 시기와 분냄과 당 짓는 것과 분열함과 이단

과 (갈 5:21) 투기와 술 취함과 방탕함과 또 그와 같은 것들이라

(엡 4:25-29) 거짓, 도적질, 더러운 말

(엡 4:31) 너희는 모든 악독과 노함과 분냄과 떠드는 것과 비방하는 것을 모든 악의와 함께 버리고

(엡 5:3) 음행과 온갖 더러운 것과 탐욕은 너희 중에서 그 이름조차도 부르지 말라 이는 성도에게 마땅한 바니라 (엡 5:4) 누추함과 어리석은 말이나 희롱의 말이 마땅치 아니하니

(골 3:5) 그러므로 땅에 있는 지체를 죽이라 곧 음란과 부정과 사욕과 악한 정욕과 탐심이니 탐심은 우상 숭배니라

(골 3:8) 이제는 너희가 이 모든 것을 벗어 버리라 곧 분함과 노여움과 악의와 비방과 너희 입의 부끄러운 말이라 (골 3:9) 너희가 서로 거짓말을 하지 말라 옛 사람과 그 행위를 벗어 버리고

(딤전 1:9) 알 것은 이것이니 율법은 옳은 사람을 위하여 세운 것이 아니요 오직 불법한 자와 복종하지 아니하는 자와 경건하지 아니한 자와 죄인과 거룩하지 아니한 자와 망령된 자와 아버지를 죽이는 자와 어머니를 죽이는 자와 살인하는 자며 (딤전 1:10) 음행하는 자와 남색하는 자와 인신 매매를 하는 자와 거짓말하는 자와 거짓맹세하는 자와 기타 바른 교훈을 거스르는 자를 위함이니

(딤후 3:2) 사람들이 자기를 사랑하며 돈을 사랑하며 자랑하며 교만하며 비방하며 부모를 거역하며 감사하지 아니하며 거룩하지 아니하며 (딤후 3:3) 무정하며 원통함을 풀지 아니하며 모함하며 절제하지 못하며 사나우며 선한 것을 좋아하지 아니하며 (딤후 3:4) 배신하며 조급하며 자만하며 쾌락을 사랑하기를 하나님 사랑하는 것보다 더하며

(벧전 4:3) 너희가 음란과 정욕과 술취함과 방탕과 향락과 무법한 우상 숭배를 하여 이방인의 뜻을 따라 행한 것은 지나간 때로 족하도다

(계 21:8) 그러나 두려워하는 자들과 믿지 아니하는 자들과 흉악한 자들과 살인자들과 음행하는 자들과 점술가들과 우상 숭배자들과 거짓말하는 모든 자들은

불과 유황으로 타는 못에 던져지리니 이것이 둘째 사망이라

2) 이 죄들이 어떤 의미의 죄인지 설명해 보십시오.

3) 나는 죄의 목록을 보면서 무엇을 느낍니까?
죄의 목록 가운데서 내가 자주 짓는 죄는 무엇입니까?

4) 나는 옛 사람에 속한 죄 가운데서 어떤 죄를 벗어 버리겠습니까?

3. 죄의 보편성과 죄인의 상태

1) 모든 사람이 죄인인 까닭은 무엇입니까?

(롬 3:20) 그러므로 율법의 행위로 그의 앞에 의롭다 하심을 얻을 육체가 없나니

(롬 3:9) 유대인이나 헬라인이나 다 죄 아래에 있다고 우리가 이미 선언하였느니라

(롬 3:10) 기록된 바 의인은 없나니 하나도 없으며

(갈 3:22) 그러나 성경이 모든 것을 죄 아래에 가두었으니

(요일 1:8) 만일 우리가 죄가 없다고 말하면 스스로 속이고

(요일 1:10) 만일 우리가 범죄하지 아니하였다 하면 하나님을 거짓말하는 이로
만드는 것이니

(시 51:5) 내가 죄악 중에서 출생하였음이여 어머니가 죄 중에서 나를 잉태하였
나이다

(롬 5:12) 모든 사람이 죄를 지었으므로 사망이 모든 사람에게 이르렀느니라

2) 나는 죄인인 것을 인정하되 어느 정도까지 인정합니까?

3) 죄 아래 있는 사람은 어떤 상태에 있습니까?

(요 8:34) 진실로 진실로 너희에게 이르노니 죄를 범하는 자마다 죄의 종이라

(엡 5:8) 너희가 전에는 어둠이더니 이제는 주 안에서 빛이라 빛의 자녀들처럼 행하라

(요 8:44) 너희는 너희 아비 마귀에게서 났으니

(시 49:12) 사람은 존귀하나 장구하지 못함이여 멸망하는 짐승 같도다

(롬 5:10) 곧 우리가 원수 되었을 때에

(엡 2:3) 다른 이들과 같이 본질상 진노의 자녀이었더니

　　4) 나는 어떤 상태에서 구원받았는지를 알고 어떻게 하겠습니까?

4. 죄의 결과

　　1) 인간은 죄의 결과로 어떤 고통과 불행을 당하게 되었습니까?

(벧후 2:7) 무법한 자들의 음란한 행실로 말미암아 고통 당하는 의로운 롯을 건지셨으니

(눅 7:21) 예수께서 질병과 고통과 및 악귀 들린 자를 많이 고치시며

(엡 2:1) 그는 허물과 죄로 죽었던 너희를 살리셨도다

(롬 6:23) 죄의 삯은 사망이요

(계 20:14) 사망과 음부도 불못에 던져지니 이것은 둘째 사망 곧 불못이라

　　2) 나는 지금 죄로 말미암아 어떤 고통을 당하고 있습니까?

　　3) 죄의 결과 어떤 관계들이 파괴되었습니까?

(창 3:8) 아담과 그의 아내가 여호와 하나님의 낯을 피하여 동산 나무 사이에 숨은지라

(창 3:19) 네가 흙으로 돌아갈 때까지 얼굴에 땀을 흘려야 먹을 것을 먹으리니

(창 3:12) 아담이 이르되 하나님이 주셔서 나와 함께 있게 하신 여자 그가 그 나무 열매를 내게 주므로 내가 먹었나이다

(창 3:17) 땅은 너로 말미암아 저주를 받고 너는 네 평생에 수고하여야 그 소산을 먹으리라 (창 3:18) 땅이 네게 가시덤불과 엉겅퀴를 낼 것이라

4) 죄로 말미암아 파괴된 관계가 주님의 십자가로 회복되었습니다. 나는 그리스도 안에서 어떤 관계를 개선해 나가겠습니까?

(골 1:20) 그의 십자가의 피로 화평을 이루사

5. 죄 처리법

1) 죄에 대한 바른 처리법이 아닌 것은 무엇입니까?

(잠 28:13) 자기의 죄를 숨기는 자는 형통하지 못하나

(렘 2:22) 주 여호와의 말씀이니라 네가 잿물로 스스로 씻으며 네가 많은 비누를 쓸지라도 네 죄악이 내 앞에 그대로 있으리니

(욥 9:30) 내가 눈 녹은 물로 몸을 씻고 잿물로 손을 깨끗하게 할지라도

2) 우리는 죄를 지었을 때 어떻게 처리해야 합니까?

(욥 13:23) 나의 죄악이 얼마나 많으니이까 나의 허물과 죄를 내게 알게 하옵소서

(롬 5:13) 율법이 없었을 때에는 죄를 죄로 여기지 아니하였느니라

(행 3:19) 그러므로 너희가 회개하고 돌이켜 너희 죄 없이 함을 받으라

(요일 1:9) 만일 우리가 우리 죄를 자백하면 그는 미쁘시고 의로우사 우리 죄를 사하시며 우리를 모든 불의에서 깨끗하게 하실 것이요

(겔 18:30) 너희는 돌이켜 회개하고 모든 죄에서 떠날지어다

(겔 18:31) 너희는 너희가 범한 모든 죄악을 버리고 마음과 영을 새롭게 할지어다

3) 죄를 짓지 않으려면 어떻게 해야 합니까?

(시 119:11) 내가 주께 범죄하지 아니하려 하여 주의 말씀을 내 마음에 두었나이다

(출 20:20) 모세가 백성에게 이르되 두려워하지 말라 하나님이 임하심은 너희를

시험하고 너희로 경외하여 범죄하지 않게 하려 하심이니라

(창 39:9) 그런즉 내가 어찌 이 큰 악을 행하여 하나님께 죄를 지으리이까

(고전 15:34) 깨어 의를 행하고 죄를 짓지 말라

(히 3:13) 매일 피차 권면하여 너희 중에 누구든지 죄의 유혹으로 완고하게 되지 않도록 하라

(히 12:4) 너희가 죄와 싸우되 아직 피흘리기까지는 대항하지 아니하고

(벧전 4:1) 이는 육체의 고난을 받은 자는 죄를 그쳤음이니

(고후 6:14) 너희는 믿지 않는 자와 멍에를 함께 메지 말라 의와 불법이 어찌 함께 하며

(고후 6:17) 너희는 그들 중에서 나와서 따로 있고 부정한 것을 만지지 말라

(롬 6:13) 너희 지체를 불의의 무기로 죄에게 내주지 말고 오직 너희 자신을 죽은 자 가운데서 다시 살아난 자 같이 하나님께 드리며 너희 지체를 의의 무기로 하나님께 드리라

(막 14:38) 시험에 들지 않게 깨어 있어 기도하라

4) 나는 자주 짓는 죄에서 승리하기 위해 어떻게 하겠습니까?

이 과를 마치면서

1. 날마다 성령 충만하여 죄에서 떠나 거룩한 삶을 살도록 기도하십시오.

소감 및 깨달은 말씀

3. 구원의 순서

"또 미리 정하신 그들을 또한 부르시고 부르신 그들을 또한 의롭다 하시고
의롭다 하신 그들을 또한 영화롭게 하셨느니라" (롬 8:30)

3

구원이 이루어지는 과정을 구원의 순서 혹은 구원의 서정이라고 합니다.

구원의 순서에 대해서는 학자마다 좀 다르지만 대개 아홉 단계로 설명합니다.

(롬 8:30) 또 미리 정하신 그들을 또한 부르시고 부르신 그들을 또한 의롭다 하시고 의롭다 하신 그들을 또한 영화롭게 하셨느니라

여기서는 예정(미리 정하셨다), 부르심, 의롭다 하심, 영화롭게 하심의 순서로 구원의 과정을 말하고 있습니다.

1. 선택

선택은 예택(미리 택하심) 혹은 예정이라고도 합니다.

1) 선택의 시기는 언제입니까?

(엡 1:4) 곧 창세 전에 그리스도 안에서 우리를 택하사 우리로 사랑 안에서 그 앞에 거룩하고 흠이 없게 하시려고

2) 선택의 성질은 무엇입니까?

(엡 1:5) 그 기쁘신 뜻대로 우리를 예정하사 예수 그리스도로 말미암아 자기의 아들들이 되게 하셨으니

(롬 9:21) 토기장이가 진흙 한 덩이로 하나는 귀히 쓸 그릇을, 하나는 천히 쓸 그릇을 만들 권한이 없느냐

(요 15:16) 너희가 나를 택한 것이 아니요 내가 너희를 택하여 세웠나니

3) 선택받은 증거는 무엇입니까?

(행 13:48) 이방인들이 듣고 기뻐하여 하나님의 말씀을 찬송하며 영생을 주시기로 작정된 자는 다 믿더라

2. 부르심(소명)

부르심이란 그리스도에 의해 준비된 구원을 믿음으로 받으라고 초청하시는 하나님의 은혜로운 행위를 말합니다.

1) 하나님께서 우리를 언제 부르십니까?

(롬 1:6) 너희도 그들 중에서 예수 그리스도의 것으로 부르심을 받은 자니라

2) 부르심에서 외적 소명과 내적 소명은 무엇입니까?

(마 11:28) 수고하고 무거운 짐 진 자들아 다 내게로 오라 내가 너희를 쉬게 하리라

(마 22:14) 청함을 받은 자는 많되 택함을 입은 자는 적으니라

(고전 1:24) 오직 부르심을 받은 자들에게는 유대인이나 헬라인이나 그리스도는 하나님의 능력이요 하나님의 지혜니라

3) 하나님이 우리를 부르시는 방편은 무엇입니까?

(롬 10:17) 그러므로 믿음은 들음에서 나며 들음은 그리스도의 말씀으로 말미암았느니라

(롬 10:15) 보내심을 받지 아니하였으면 어찌 전파하리요 기록된 바 아름답도다 좋은 소식을 전하는 자들의 발이여 함과 같으니라

3. 거듭남(중생)

거듭남은 죄와 허물로 죽었던 영혼을 다시 살리시는 성령의 역사입니다.

1) 중생의 의미는 무엇입니까?

(요 1:13) 이는 혈통으로나 육정으로나 사람의 뜻으로 나지 아니하고 오직 하나님께로부터 난 자들이니라

(고후 5:17) 그런즉 누구든지 그리스도 안에 있으면 새로운 피조물이라 이전 것은 지나갔으니 보라 새 것이 되었도다

(롬 12:2) 너희는 이 세대를 본받지 말고 오직 마음을 새롭게 함으로 변화를 받아 하나님의 선하시고 기뻐하시고 온전하신 뜻이 무엇인지 분별하도록 하라

(엡 4:24) 하나님을 따라 의와 진리의 거룩함으로 지으심을 받은 새 사람을 입으라

(요일 3:9) 하나님께로부터 난 자마다 죄를 짓지 아니하나니 이는 하나님의 씨가 그의 속에 거함이요 그도 범죄하지 못하는 것은 하나님께로부터 났음이라

2) 중생은 누구의 역사로 이루어집니까?

(요 3:5) 예수께서 대답하시되 진실로 진실로 네게 이르노니 사람이 물과 성령으로 나지 아니하면 하나님의 나라에 들어갈 수 없느니라

3) 중생의 수단은 무엇입니까?

(벧전 1:23) 너희가 거듭난 것은 썩어질 씨로 된 것이 아니요 썩지 아니할 씨로 된 것이니 살아 있고 항상 있는 하나님의 말씀으로 되었느니라

4. 회심

회심은 세상과 죄악에서 떠나 하나님을 향해 돌아서는 것입니다.

회심은 회개와 믿음(신앙)의 두 요소로 구성됩니다.

  1) 회심에서의 믿음의 요소에 대해 설명해 보십시오.

(롬 10:9) 네가 만일 네 입으로 예수를 주로 시인하며 또 하나님께서 그를 죽은 자 가운데서 살리신 것을 네 마음에 믿으면 구원을 받으리라

(롬 10:10) 사람이 마음으로 믿어 의에 이르고 입으로 시인하여 구원에 이르느니라

(유 1:3) 성도에게 단번에 주신 믿음의 도를 위하여 힘써 싸우라

  2) 회개의 세 요소는 무엇입니까?

(롬 3:20) 그러므로 율법의 행위로 그의 앞에 의롭다 하심을 얻을 육체가 없나니 율법으로는 죄를 깨달음이니라

(고후 7:9) 내가 지금 기뻐함은 너희로 근심하게 한 까닭이 아니요 도리어 너희가 근심함으로 회개함에 이른 까닭이라 너희가 하나님의 뜻대로 근심하게 된 것은 우리에게서 아무 해도 받지 않게 하려 함이라

(행 2:38) 베드로가 이르되 너희가 회개하여 각각 예수 그리스도의 이름으로 세례를 받고 죄 사함을 받으라 그리하면 성령의 선물을 받으리니

5. 의롭다 하심(칭의)

칭의는 성부 하나님께서 예수 그리스도의 십자가의 공로를 근거하여 죄인들을 의롭다고 선포하시는 법적 선포입니다.(벌코프의 정의)

(요일 2:1) 나의 자녀들아 내가 이것을 너희에게 씀은 너희로 죄를 범하지 않게 하려 함이라 만일 누가 죄를 범하여도 아버지 앞에서 우리에게 대언자가 있으니 곧 의로우신 예수 그리스도시라

  1) 칭의와 중생은 어떻게 다릅니까?

2) 칭의의 두 면은 무엇입니까?

3) 칭의의 방법은 무엇입니까?

(롬 3:20) 그러므로 율법의 행위로 그의 앞에 의롭다 하심을 얻을 육체가 없나니 율법으로는 죄를 깨달음이니라

(롬 3:22) 곧 예수 그리스도를 믿음으로 말미암아 모든 믿는 자에게 미치는 하나님의 의니 차별이 없느니라

(롬 5:19) 한 사람이 순종하지 아니함으로 많은 사람이 죄인 된 것 같이 한 사람이 순종하심으로 많은 사람이 의인이 되리라

(롬 3:24) 그리스도 예수 안에 있는 속량으로 말미암아 하나님의 은혜로 값 없이 의롭다 하심을 얻은 자 되었느니라

6. 양자

양자는 마귀의 종이었던 죄인을 하나님의 자녀로 만들어(입적하는) 주시는 행위입니다.

1) 양자 되는 길은 무엇입니까?

(요 1:12) 영접하는 자 곧 그 이름을 믿는 자들에게는 하나님의 자녀가 되는 권세를 주셨으니

2) 양자 됨의 보증은 누구입니까?

(롬 8:16) 성령이 친히 우리의 영과 더불어 우리가 하나님의 자녀인 것을 증언하시나니

3) 양자의 축복은 무엇입니까?

(롬 8:15) 너희는 다시 무서워하는 종의 영을 받지 아니하고 양자의 영을 받았으므로 우리가 아빠 아버지라고 부르짖느니라

(롬 8:17) 자녀이면 또한 상속자 곧 하나님의 상속자요 그리스도와 함께 한 상속자니 우리가 그와 함께 영광을 받기 위하여 고난도 함께 받아야 할 것이니라

(갈 4:7) 그러므로 네가 이 후로는 종이 아니요 아들이니 아들이면 하나님으로 말미암아 유업을 받을 자니라

(롬 8:31) 그런즉 이 일에 대하여 우리가 무슨 말 하리요 만일 하나님이 우리를 위하시면 누가 우리를 대적하리요

7. 성화(거룩하게 하심)

성화는 소극적으로는 성령의 능력으로 죄에서 떠나는 것이며 적극적으로는 그리스도의 형상을 점점 닮아 가는 것입니다.

(고후 3:18) 우리가 다 수건을 벗은 얼굴로 거울을 보는 것 같이 주의 영광을 보매 그와 같은 형상으로 변화하여 영광에서 영광에 이르니 곧 주의 영으로 말미암음이니라

1) 중생과 성화의 차이는 무엇입니까?

2) 칭의와 성화의 차이는 무엇입니까?

3) 양자됨과 성화의 차이는 무엇입니까?

4) 성화되어야 할 것은 무엇입니까?

(고후 7:1) 그런즉 사랑하는 자들아 이 약속을 가진 우리는 하나님을 두려워하는 가운데서 거룩함을 온전히 이루어 육과 영의 온갖 더러운 것에서 자신을 깨끗하게 하자

8. 성도의 견인(궁극적 구원)

견인은 주께서 성도의 믿음이 떨어지지 않도록 굳게 잡아 주시고 죄인

들을 향해 참아 주심으로써 우리로 하여금 구원을 얻게 하시는 은혜의
교리를 말합니다.

1) 우리의 구원이 안전한 이유가 무엇입니까?

(요 10:28) 내가 그들에게 영생을 주노니 영원히 멸망하지 아니할 것이요 또 그
들을 내 손에서 빼앗을 자가 없느니라

(요 10:29) 그들을 주신 내 아버지는 만물보다 크시매 아무도 아버지 손에서 빼
앗을 수 없느니라

(요 6:39) 나를 보내신 이의 뜻은 내게 주신 자 중에 내가 하나도 잃어버리지 아
니하고 마지막 날에 다시 살리는 이것이니라

2) 주님이 어떻게 끝까지 보존하여 주시고 구원하여 주십니까?

(히 7:25) 그러므로 자기를 힘입어 하나님께 나아가는 자들을 온전히 구원하실
수 있으니 이는 그가 항상 살아 계셔서 그들을 위하여 간구하심이라

(고후 1:22) 그가 또한 우리에게 인치시고 보증으로 우리 마음에 성령을 주셨느
니라

9. 영화

영화는 성도가 마지막 날에 누릴 몸의 구속 곧 몸의 부활을 말합니다.

1) 영화의 시기는 언제입니까?

(고전 15:51) 보라 내가 너희에게 비밀을 말하노니 우리가 다 잠 잘 것이 아니요
마지막 나팔에 순식간에 홀연히 다 변화되리니 (고전 15:52) 나팔 소리가 나매
죽은 자들이 썩지 아니할 것으로 다시 살아나고 우리도 변화되리라

2) 영화된 몸은 어떤 몸입니까?

(고전 15:42) 죽은 자의 부활도 그와 같으니 썩을 것으로 심고 썩지 아니할 것으
로 다시 살아나며 (고전 15:43) 욕된 것으로 심고 영광스러운 것으로 다시 살아

나며 약한 것으로 심고 강한 것으로 다시 살아나며 (고전 15:44) 육의 몸으로 심고 신령한 몸으로 다시 살아나나니 육의 몸이 있은즉 또 영의 몸도 있느니라

3) '영화롭게 하셨느니라' 의 시제는 무엇을 의미합니까?

(롬 8:30) 또 미리 정하신 그들을 또한 부르시고 부르신 그들을 또한 의롭다 하시고 의롭다 하신 그들을 또한 영화롭게 하셨느니라

이 과를 마치면서

1. 구원의 순서를 과거와 현재와 미래의 시점으로 나누어 보십시오.

2. 구원의 순서에서 나는 지금 어느 시점에 와 있습니까?

3. 나는 지금 여기에서 무엇을 추구해 나가겠습니까?

소감 및 깨달은 말씀

4. 성령 충만

"술 취하지 말라 이는 방탕한 것이니 오직 성령으로 충만함을 받으라" (엡 5:18)

예수님을 믿을 때 우리는 성령을 받습니다.

그리스도인이란 성령을 받아 성령이 그 안에 거하시는 사람입니다.

성령께서는 우리를 성전 삼아 우리 안에 내주하십니다.

성령께서 내주하시는 사람은 성령의 충만함 가운데 살아가야 합니다.

(엡 5:18) 술 취하지 말라 이는 방탕한 것이니 오직 성령으로 충만함을 받으라

여기서 '성령의 충만함을 받으라' 는 '영으로 충만케 되어 있으라' 입니다.

이것은 현재 명령형이므로 한 번이 아니라 계속적으로 충만케 되어야 합니다.

계속적으로 성령 충만케 되어 있는 것은 그리스도인의 책임입니다.

이것은 명령이기 때문에 일시적인 경험이 아니고 계속적인 상태를 말합니다.

예수 믿는 사람에게는 성령이 오셔서 영원토록 함께 하십니다.

그러나 성령의 충만과 능력은 잃어버리기도 합니다.

한 번 성령의 충만함을 받았다고 해서 계속되는 것은 아닙니다.

그렇기 때문에 계속적으로 성령 충만을 유지해야 합니다.

우리는 위로부터 계속적으로 성령의 부으심을 받아야 합니다.

1. 성령 충만의 의미

성령 충만은 성령의 지배(통치) 혹은 인도를 받는 것을 말합니다.
또는 그리스도에 의해 통치됨 혹은 그리스도에 의해 지배됨을 뜻합
니다.
성령으로 충만하게 됨은 성령께 전적으로 순종하고 지배받음을 뜻합
니다.

1) 성령 충만을 무엇과 관련해서 말씀하고 있습니까?

(엡 5:18) 술 취하지 말라 이는 방탕한 것이니 오직 성령으로 충만함을 받으라

(행 2:13) 또 어떤 이들은 조롱하여 이르되 그들이 새 술에 취하였다 하더라

(눅 1:15) 이는 그가 주 앞에 큰 자가 되며 포도주나 독한 술을 마시지 아니하며
모태로부터 성령의 충만함을 받아

(눅 1:16) 이스라엘 자손을 주 곧 그들의 하나님께로 많이 돌아오게 하겠음이라

2) 새 술에 취하는 것은 무엇을 말하는 것입니까?

이 구절들을 통해 성령 충만이 무엇인지 설명해 보십시오.

3) 돈에 대한 생각으로 가득 채워져 있다면 돈으로 충만한 것입니다.

나는 지금까지 주로 무엇에 충만하였습니까?

4) 나는 성령 충만한 삶을 살았습니까?

내가 혹시 술을 마시고 있다면 성령 충만을 위해 어떻게 하겠습니까?

2 성령 충만의 이유와 인물

1) 성령의 충만함을 받아야 할 이유가 무엇입니까?

(엡 5:18) 술 취하지 말라 이는 방탕한 것이니 오직 성령으로 충만함을 받으라

(엡 5:19) 시와 찬송과 신령한 노래들로 서로 화답하며 너희의 마음으로 주께 노

래하며 찬송하며

(엡 5:20) 범사에 우리 주 예수 그리스도의 이름으로 항상 아버지 하나님께 감사하며

(엡 5:21) 그리스도를 경외함으로 피차 복종하라

(벧전 1:2) 곧 하나님 아버지의 미리 아심을 따라 성령이 거룩하게 하심으로

2) 나의 신앙생활에서 실패 원인은 무엇이라고 생각합니까?
내가 성령의 충만함을 받으려 했던 이유는 무엇이었습니까?

3) 성령이 충만했던 사람들은 어떤 직분의 사람이고 누구였습니까?

(삼상 16:13) 사무엘이 기름 뿔병을 가져다가 그의 형제 중에서 그에게 부었더니 이 날 이후로 다윗이 여호와의 영에게 크게 감동되니라

(겔 3:14) 주의 영이 나를 들어올려 데리고 가시는데 내가 근심하고 분한 마음으로 가니 여호와의 권능이 힘 있게 나를 감동시키시더라

(출 28:3) 너는 무릇 마음에 지혜 있는 모든 자 곧 내가 지혜로운 영으로 채운 자들에게 말하여 아론의 옷을 지어 그를 거룩하게 하여 내게 제사장 직분을 행하게 하라

(요 3:34) 하나님이 보내신 이는 하나님의 말씀을 하나니 이는 하나님이 성령을 한량 없이 주심이니라

(행 4:8) 이에 베드로가 성령이 충만하여 이르되 백성의 관리들과 장로들아

(행 13:9) 바울이라고 하는 사울이 성령이 충만하여 그를 주목하고

(행 6:5) 온 무리가 이 말을 기뻐하여 믿음과 성령이 충만한 사람 스데반과 또 빌립과 브로고로와 니가노르와 디몬과 바메나와 유대교에 입교했던 안디옥 사람 니골라를 택하여

(행 4:31) 빌기를 다하매 모인 곳이 진동하더니 무리가 다 성령이 충만하여 담대히 하나님의 말씀을 전하니라

4) 누가 성령의 충만함을 받아야 합니까?

나는 이제 어떤 이유로 성령의 충만함을 받도록 하겠습니까?

3. 성령 충만을 받는 방법

1) 우리는 어떻게 성령의 충만함을 받을 수 있습니까?

(눅 11:13) 너희가 악할지라도 좋은 것을 자식에게 줄 줄 알거든 하물며 너희 하늘 아버지께서 구하는 자에게 성령을 주시지 않겠느냐 하시니라

(행 4:31) 빌기를 다하매 모인 곳이 진동하더니 무리가 다 성령이 충만하여 담대히 하나님의 말씀을 전하니라

(행 2:38) 베드로가 이르되 너희가 회개하여 각각 예수 그리스도의 이름으로 세례를 받고 죄 사함을 받으라 그리하면 성령의 선물을 받으리니

(행 10:44) 베드로가 이 말을 할 때에 성령이 말씀 듣는 모든 사람에게 내려오시니

(행 10:45) 베드로와 함께 온 할례 받은 신자들이 이방인들에게도 성령 부어 주심으로 말미암아 놀라니

(행 5:32) 우리는 이 일에 증인이요 하나님이 자기에게 순종하는 사람들에게 주신 성령도 그러하니라 하더라

2) 이러한 방법으로 성령 충만해지면 우리는 어떻게 됩니까?

이런 방법들은 예수 믿을 때만 해당됩니까? 아니면 언제도 해당됩니까?

3) 나는 성령 충만한 삶을 살려고 이러한 노력들을 해 왔습니까?

나는 지금까지 성령의 충만함을 받기 위해 어떤 방법을 사용하였습니까?

4) 성령의 충만함을 받기 위한 또 다른 방법이 있다면 무엇입니까?
나는 이제 성령 충만하기 위해 구체적으로 어떻게 하겠습니까?

(행 9:17) 아나니아가 떠나 그 집에 들어가서 그에게 안수하여 이르되 형제 사울아 주 곧 네가 오는 길에서 나타나셨던 예수께서 나를 보내어 너로 다시 보게 하시고 성령으로 충만하게 하신다 하니

4. 성령 충만을 방해하는 것

(갈 5:17) 육체의 소욕은 성령을 거스르고 성령은 육체를 거스르나니 이 둘이 서로 대적함으로 너희가 원하는 것을 하지 못하게 하려 함이니라

우리 안에서 육체의 소욕과 성령의 소욕이 서로 대적합니다.
그러므로 육신의 소욕은 성령의 충만함을 방해합니다.

1) 성령의 충만함을 방해하는 것들은 무엇입니까?

(엡 4:30) 하나님의 성령을 근심하게 하지 말라 그 안에서 너희가 구원의 날까지 인치심을 받았느니라

(살전 5:19) 성령을 소멸하지 말며

(마 12:31) 그러므로 내가 너희에게 이르노니 사람에 대한 모든 죄와 모독은 사하심을 얻되 성령을 모독하는 것은 사하심을 얻지 못하겠고

2) 이러한 것들이 의미하는 바가 무엇인지 설명해 보십시오.

3) 성령 충만을 방해하는 것들은 구체적으로 어떤 것입니까?
또한 이러한 죄들을 내버려야 하는 이유는 무엇입니까?

(엡 4:25) 거짓을 버리고 각각 그 이웃과 더불어 참된 것을 말하라 이는 우리가 서로 지체가 됨이라 (엡 4:26) 분을 내어도 죄를 짓지 말며 해가 지도록 분을 품지 말고 (엡 4:27) 마귀에게 틈을 주지 말라 (엡 4:28) 도둑질하는 자는 다시 도둑질하지 말고 돌이켜 가난한 자에게 구제할 수 있도록 자기 손으로 수고하여 선

한 일을 하라

(엡 4:29) 무릇 더러운 말은 너희 입 밖에도 내지 말고 오직 덕을 세우는 데 소용되는 대로 선한 말을 하여 듣는 자들에게 은혜를 끼치게 하라

(엡 4:31) 너희는 모든 악독과 노함과 분냄과 떠드는 것과 비방하는 것을 모든 악의와 함께 버리고

(엡 5:3) 음행과 온갖 더러운 것과 탐욕은 너희 중에서 그 이름조차도 부르지 말라 이는 성도에게 마땅한 바니라 (엡 5:4) 누추함과 어리석은 말이나 희롱의 말이 마땅치 아니하니 오히려 감사하는 말을 하라

(엡 5:11) 너희는 열매 없는 어둠의 일에 참여하지 말고 도리어 책망하라

(엡 5:12) 그들이 은밀히 행하는 것들은 말하기도 부끄러운 것들이라

(엡 5:18) 술 취하지 말라 이는 방탕한 것이니

(딤전 4:14) 네 속에 있는 은사 곧 장로의 회에서 안수 받을 때에 예언을 통하여 받은 것을 가볍게 여기지 말며

(딤후 1:6) 그러므로 내가 나의 안수함으로 네 속에 있는 하나님의 은사를 다시 불일듯 하게 하기 위하여 너로 생각하게 하노니

(히 10:29) 하물며 하나님 아들을 밟고 자기를 거룩하게 한 언약의 피를 부정한 것으로 여기고 은혜의 성령을 욕되게 하는 자의 당연히 받을 형벌이 얼마나 더 무겁겠느냐 너희는 생각하라

4) 내가 성령의 충만함을 방해했을 경우엔 어떻게 해야 합니까?

(약 5:16) 그러므로 너희 죄를 서로 고백하며 병이 낫기를 위하여 서로 기도하라

나는 성령의 충만함을 받기 위해 적극적으로 어떻게 하겠습니까?

(행 8:29) 성령이 빌립더러 이르시되 이 병거로 가까이 나아가라 하시거늘

5. 성령 충만의 결과

1) 성령이 충만하면 어떤 결과가 나타나게 됩니까?

(행 1:8) 오직 성령이 너희에게 임하시면 너희가 권능을 받고 예루살렘과 온 유대와 사마리아와 땅 끝까지 이르러 내 증인이 되리라 하시니라

(행 2:4) 그들이 다 성령의 충만함을 받고 성령이 말하게 하심을 따라 다른 언어들로 말하기를 시작하니라

(벧전 4:11) 만일 누가 말하려면 하나님의 말씀을 하는 것 같이 하고 누가 봉사하려면 하나님이 공급하시는 힘으로 하는 것 같이 하라

(출 31:2) 내가 유다 지파 훌의 손자요 우리의 아들인 브살렐을 지명하여 부르고

(출 31:3) 하나님의 영을 그에게 충만하게 하여 지혜와 총명과 지식과 여러 가지 재주로

(출 31:4) 정교한 일을 연구하여 금과 은과 놋으로 만들게 하며

(고전 12:8) 어떤 사람에게는 성령으로 말미암아 지혜의 말씀을, 어떤 사람에게는 같은 성령을 따라 지식의 말씀을,

(고전 12:9) 다른 사람에게는 같은 성령으로 믿음을, 어떤 사람에게는 한 성령으로 병 고치는 은사를,

(고전 12:10) 어떤 사람에게는 능력 행함을, 어떤 사람에게는 예언함을, 어떤 사람에게는 영들 분별함을, 다른 사람에게는 각종 방언 말함을, 어떤 사람에게는 방언들 통역함을 주시나니

(고전 12:11) 이 모든 일은 같은 한 성령이 행하사 그의 뜻대로 각 사람에게 나누어 주시는 것이니라

(갈 5:22) 오직 성령의 열매는 사랑과 희락과 화평과 오래 참음과 자비와 양선과 충성과

(갈 5:23) 온유와 절제니 이같은 것을 금지할 법이 없느니라

(롬 8:13) 너희가 육신대로 살면 반드시 죽을 것이로되 영으로써 몸의 행실을 죽이면 살리니 (롬 8:14) 무릇 하나님의 영으로 인도함을 받는 사람은 곧 하나님의 아들이라

(행 2:43) 사람마다 두려워하는데 사도들로 말미암아 기사와 표적이 많이 나타

2) 성령의 능력은 어떻게 나타나고 있습니까?

성령의 열매는 어떤 열매입니까?

3) 나의 신앙생활에서 성령 충만한 결과들이 나타나고 있습니까?

나는 특별히 어떤 부분에서 부족하다고 생각합니까?

4) 나는 성령의 능력으로 살아가고 있습니까?

육신을 죽이고 승리하는 삶을 위해 나는 어떻게 하겠습니까?

이 과를 마치면서

1. 성령 충만은 예수 충만이고 말씀 충만입니다.

　날마다 말씀 충만하여 성령의 다스리심과 인도하심을 받도록 기

　도하십시오.

소감 및 깨달은 말씀

5. 하나님 나라

"그러나 내가 하나님의 성령을 힘입어 귀신을 쫓아내는 것이면
하나님의 나라가 이미 너희에게 임하였느니라" (마 12:28)

5

신약 성경의 중심 주제는 하나님의 나라입니다.

세례 요한은 하나님의 나라가 도래하였다는 것을 전파하였습니다.

(마 3:1) 그 때에 세례 요한이 이르러 유대 광야에서 전파하여 말하되

(마 3:2) 회개하라 천국이 가까이 왔느니라

예수님의 첫 번째 선포도 하나님 나라에 관한 것이었습니다.

(마 4:17) 이 때부터 예수께서 비로소 전파하여 이르시되 회개하라 천국이 가까이 왔느니라

부활하신 후에도 하나님 나라의 일을 말씀하셨습니다.

(행 1:3) 그가 고난 받으신 후에 또한 그들에게 확실한 많은 증거로 친히 살아 계심을 나타내사 사십 일 동안 그들에게 보이시며 하나님 나라의 일을 말씀하시니라

예수님이 처음에 하신 말씀도, 마지막에 하신 말씀도 하나님 나라에 관한 것이었습니다.

이렇게 예수님이 말씀하신 내용들의 핵심은 하나님의 나라였습니다.

1. 하나님 나라의 용어와 정의

1) 신약 성경에서 하나님 나라에 대한 용어는 어떻게 사용되었습니까?

(막 10:23) 재물이 있는 자는 하나님의 나라에 들어가기가 심히 어렵도다 하시니

(눅 8:1) 그 후에 예수께서 각 성과 마을에 두루 다니시며 하나님의 나라를 선포하시며

(마 5:3) 심령이 가난한 자는 복이 있나니 천국이 그들의 것임이요

(요 3:15) 이는 그를 믿는 자마다 영생을 얻게 하려 하심이니라

(골 1:14) 그 아들 안에서 우리가 속량 곧 죄 사함을 얻었도다

2) 이 용어들의 의미에는 어떤 차이가 있습니까?

3) '바실레이아' 는 '나라' 라는 말로 왕이 다스리는 왕권이나 통치를 말합니다.

그렇다면 하나님 나라는 무엇을 의미합니까?

(계 19:6) 할렐루야 주 우리 하나님 곧 전능하신 이가 통치하시도다

4) 나는 하나님 나라의 왕이신 하나님의 통치에 잘 순종하고 있습니까?

내가 잘 순종하지 못하는 것은 무엇이며 앞으로 어떻게 순종하겠습니까?

2 하나님 나라의 역사

신·구약 성경에는 통일성이 있습니다.

두 성경은 단절되어 있는 것이 아니라 연속성이 있습니다.

구약과 신약은 하나님의 나라와 구속사로 연결되어 있습니다.

신·구약을 함께 묶어 주는 띠는 하나님의 통치라는 역동적인 개념입니다.

1) 구약에서 하나님 나라의 통치와 약속은 무엇입니까?

구약에서 하나님의 통치는 어떻게 실현되었습니까?

(창 1:26) 하나님이 이르시되 우리의 형상을 따라 우리의 모양대로 우리가 사람을 만들고 그들로 바다의 물고기와 하늘의 새와 가축과 온 땅과 땅에 기는 모든 것을 다스리게 하자 하시고

(삿 2:18) 여호와께서 그들을 위하여 사사들을 세우실 때에는 그 사사와 함께 하셨고 그 사사가 사는 날 동안에는 여호와께서 그들을 대적의 손에서 구원하셨으니

(삼상 8:7) 여호와께서 사무엘에게 이르시되 백성이 네게 한 말을 다 들으라 이는 그들이 너를 버림이 아니요 나를 버려 자기들의 왕이 되지 못하게 함이니라

2) 구약에서 하나님의 왕권을 잘 드러낸 사람은 다윗 왕입니다.

다윗의 자손으로 오셔서 다윗의 왕좌에 앉아 영원한 왕으로 통치하실 분으로 약속된 분은 누구입니까?

(삼하 7:13) 그는 내 이름을 위하여 집을 건축할 것이요 나는 그의 나라 왕위를 영원히 견고하게 하리라

〈종말론적인 구조〉

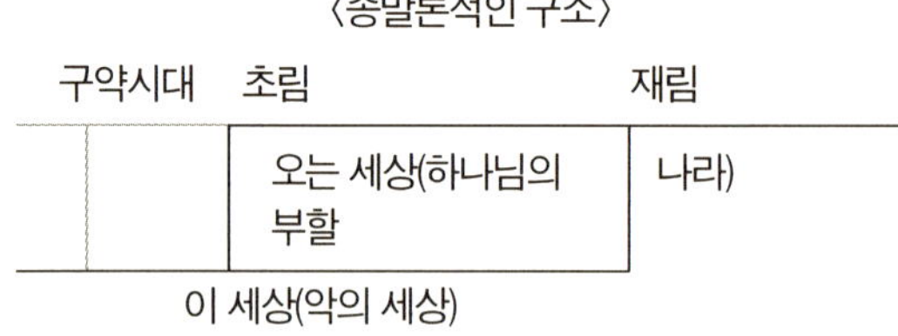

3) 신약에서 하나님 나라에 대한 성취는 어떻게 이루어졌습니까?

하나님 나라의 미래적 완성은 어떻게 이루어질 것입니까?

(마 3:16) 예수께서 세례를 받으시고 곧 물에서 올라오실새 하늘이 열리고 하나

님의 성령이 비둘기 같이 내려 자기 위에 임하심을 보시더니

(마 3:17) 하늘로부터 소리가 있어 말씀하시되 이는 내 사랑하는 아들이요 내 기뻐하는 자라 하시니라

(계 11:15) 하늘에 큰 음성들이 나서 이르되 세상 나라가 우리 주와 그의 그리스도의 나라가 되어 그가 세세토록 왕 노릇 하시리로다 하니

　　4) 하나님 나라의 통치가 이루어지기 위해서는 어떻게 해야 합니까? 나는 하나님 나라의 통치가 이루어지기 위해 구체적으로 무엇을 하겠습니까?

3. 하나님 나라의 현재성과 확장

　　1) 하나님 나라는 예수님의 무엇을 통해서 이 땅 위에 실현되었습니까?

(막 1:15) 때가 찼고 하나님의 나라가 가까이 왔으니 회개하고 복음을 믿으라 하시더라

(눅 17:21) 또 여기 있다 저기 있다고도 못하리니 하나님의 나라는 너희 안에 있느니라

(눅 8:11) 이 비유는 이러하니라 씨는 하나님의 말씀이요

(막 5:41) 그 아이의 손을 잡고 이르시되 달리다굼 하시니 번역하면 곧 내가 네게 말하노니 소녀야 일어나라 하심이라

(마 12:28) 그러나 내가 하나님의 성령을 힘입어 귀신을 쫓아내는 것이면 하나님의 나라가 이미 너희에게 임하였느니라

(눅 10:18) 예수께서 이르시되 사탄이 하늘로부터 번개 같이 떨어지는 것을 내가

보았노라

(눅 10:9) 거기 있는 병자들을 고치고 또 말하기를 하나님의 나라가 너희에게 가까이 왔다 하라

(눅 10:9) 거기 있는 병자들을 고치고 또 말하기를 하나님의 나라가 너희에게 가까이 왔다 하라

2) 하나님 나라의 현재성을 나타내는 이러한 것들에 대해 설명해 보십시오.

3) 하나님 나라는 어떻게 건설되었으며 어떻게 들어가고 어떻게 확장되어 갑니까?

(요 3:5) 예수께서 대답하시되 진실로 진실로 네게 이르노니 사람이 물과 성령으로 나지 아니하면 하나님의 나라에 들어갈 수 없느니라

(마 10:7) 가면서 전파하여 말하되 천국이 가까이 왔다 하고

(계 11:15) 세상 나라가 우리 주와 그의 그리스도의 나라가 되어 그가 세세토록 왕 노릇 하시리로다

4) 나는 하나님 나라의 확장을 위해 구체적으로 무엇을 하겠습니까?

(마 28:19) 그러므로 너희는 가서 모든 민족을 제자로 삼아 아버지와 아들과 성령의 이름으로 세례를 베풀고 (마 28:20) 내가 너희에게 분부한 모든 것을 가르쳐 지키게 하라

4. 하나님 나라의 비유

1) 예수님은 마태복음 13장에서 천국에 대해 비유를 통해 가르쳐 주셨습니다.

마태복음 13장에 나오는 하나님 나라의 비유들은 어떤 것들입니까?

(마 13:18) 그런즉 씨 뿌리는 비유를 들으라

(마 13:24) 천국은 좋은 씨를 제 밭에 뿌린 사람과 같으니

(마 13:31) 천국은 마치 사람이 자기 밭에 갖다 심은 겨자씨 한 알 같으니

(마 13:33) 천국은 마치 여자가 가루 서 말 속에 갖다 넣어 전부 부풀게 한 누룩과 같으니라

(마 13:44) 천국은 마치 밭에 감추인 보화와 같으니

(마 13:45) 천국은 마치 좋은 진주를 구하는 장사와 같으니

(마 13:47) 천국은 마치 바다에 치고 각종 물고기를 모는 그물과 같으니

(마 13:52) 예수께서 이르시되 그러므로 천국의 제자된 서기관마다 마치 새것과 옛것을 그 곳간에서 내오는 집주인과 같으니라

2) 비유들을 아래와 같이 구분할 수 있는데 각 비유들은 어디에 속합니까?

이 비유들은 하나님 나라의 어떤 면을 가르쳐주고 있습니까?

① 하나님 나라의 시작과 결과

② 하나님 나라의 가치와 결단

③ 마지막 심판의 비유들

3) 예수님이 비유로 하나님 나라의 비밀을 말씀하신 이유가 무엇입니까?

(마 13:10) 제자들이 예수께 나아와 이르되 어찌하여 그들에게 비유로 말씀하시나이까

(마 13:11) 대답하여 이르시되 천국의 비밀을 아는 것이 너희에게는 허락되었으나 그들에게는 아니되었나니

(마 13:13) 그러므로 내가 그들에게 비유로 말하는 것은 그들이 보아도 보지 못하며 들어도 듣지 못하며 깨닫지 못함이니라

4) 이 비유들을 통해 내가 하나님 나라에 대해 새롭게 깨달은 것은 무엇입니까?
나는 천국의 제자 된 서기관으로 무엇을 실행하겠습니까?

5. 하나님 나라와 교회

1) 하나님 나라와 교회는 동일합니까?
동일하지 않다면 어떤 차이가 있습니까?
빌립이나 바울이 전한 것은 무엇이었습니까?

(행 8:12) 빌립이 하나님 나라와 및 예수 그리스도의 이름에 관하여 전도함을 그들이 믿고 남녀가 다 세례를 받으니

(행 19:8) 바울이 회당에 들어가 석 달 동안 담대히 하나님 나라에 관하여 강론하며 권면하되

2) 하나님 나라는 하나님의 백성인 교회를 만들어 냅니다.
그럼 교회에 들어온 사람들이 다 하나님 나라의 백성입니까?
그물 비유를 통해 설명해 보십시오.

(마 13:47) 또 천국은 마치 바다에 치고 각종 물고기를 모는 그물과 같으니

(마 13:48) 그물에 가득하매 물 가로 끌어 내고 앉아서 좋은 것은 그릇에 담고 못된 것은 내버리느니라

3) 교회는 하나님 나라에 대해 어떤 사명을 가지고 있습니까?
하나님의 백성이 전하는 복음에 응답하는 것은 무엇을 의미합니까?
(마 24:14) 이 천국 복음이 모든 민족에게 증언되기 위하여 온 세상에 전파되리
니 그제야 끝이 오리라

(마 10:40) 너희를 영접하는 자는 나를 영접하는 것이요 나를 영접하는 자는 나
를 보내신 이를 영접하는 것이니라

4) 하나님 나라는 교회보다 더 큰 개념입니다.
그러므로 교회는 개교회주의로 나가서는 안 됩니다.
그렇다면 교회는 어떻게 일해야겠습니까?

이 과를 마치면서

1. 주님의 통치 범위에 대해서 말해 보십시오.
   (엡 1:22) 만물을 그의 발 아래에 복종하게 하시고 그를 만물 위에 교회의
   머리로 삼으셨느니라

2. 하나님은 하나님 나라의 왕으로서 말씀으로 다스리십니다.
   하나님의 백성으로 말씀에 순종하며 말씀의 법을 실천하는 삶
   을 살 수 있게 해 달라고 기도하십시오.

소감 및 깨달은 말씀

6. 영적 전쟁

"우리의 씨름은 혈과 육을 상대하는 것이 아니요 통치자들과 권세들과
이 어둠의 세상 주관자들과 하늘에 있는 악의 영들을 상대함이라" (엡 6:12)

6

적을 알고 나를 알면 백 번 싸워서 백 번 이긴다는 말이 있습니다.

우리는 원수 대적인 사탄에 대해서 보다 밝히 알아야 영적 전쟁에서 승리할 수 있습니다.

(골 1:16) 만물이 그에게서 창조되되 하늘과 땅에서 보이는 것들과 보이지 않는 것들과 혹은 왕권들이나 주권들이나 통치자들이나 권세들이나 만물이 다 그로 말미암고

천사들은 하나님이 창조하신 피조물입니다.

(욥 38:4) 내가 땅의 기초를 놓을 때에 네가 어디 있었느냐

(욥 38:7) 그 때에 새벽 별들이 기뻐 노래하며 하나님의 아들들이 다 기뻐 소리를 질렀느니라

천사들은 땅이 창조되기 이전에 창조된 것으로 보입니다.

(유 1:6) 또 자기 지위를 지키지 아니하고 자기 처소를 떠난 천사들을 큰 날의 심판까지 영원한 결박으로 흑암에 가두셨으며

(벧후 2:4) 하나님이 범죄한 천사들을 용서하지 아니하시고 지옥에 던져 어두운 구덩이에 두어 심판 때까지 지키게 하셨으며

사탄은 하나님을 반역하였으며 타락한 천사들의 우두머리입니다.

1. 사탄의 명칭

사탄은 '대적' 이라는 뜻으로 적대자를 가리킵니다.

1) 사탄의 직접적인 명칭들은 무엇입니까?

(마 4:10) 예수께서 말씀하시되 사탄아 물러가라

(마 4:1) 그 때에 예수께서 성령에게 이끌리어 마귀에게 시험을 받으러 광야로 가사

(마 12:24) 이가 귀신의 왕 바알세불을 힘입지 않고는 귀신을 쫓아내지 못하느니라

(고후 6:15) 그리스도와 벨리알이 어찌 조화되며

(계 9:11) 그들에게 왕이 있으니 무저갱의 사자라 히브리어로는 그 이름이 아바돈이요 헬라어로는 그 이름이 아볼루온이더라

2) 사탄의 간접적인 명칭들은 무엇입니까?

(요일 5:19) 우리는 하나님께 속하고 온 세상은 악한 자 안에 처한 것이며

(히 2:14) 죽음의 세력을 잡은 자 곧 마귀를 멸하시며

(살전 3:5) 혹 시험하는 자가 너희를 시험하여 우리 수고를 헛되게 할까 함이니

(요 12:31) 이제 이 세상에 대한 심판이 이르렀으니 이 세상의 임금이 쫓겨나리라

(고후 4:4) 그 중에 이 세상의 신이 믿지 아니하는 자들의 마음을 혼미하게 하여

(엡 2:2) 그 때에 너희는 그 가운데서 행하여 이 세상 풍조를 따르고 공중의 권세 잡은 자를 따랐으니 곧 지금 불순종의 아들들 가운데서 역사하는 영이라

(계 12:10) 곧 우리 하나님 앞에서 밤낮 참소하던 자가 쫓겨났고

(벧전 5:8) 너희 대적 마귀가 우는 사자 같이 두루 다니며 삼킬 자를 찾나니

(계 20:10) 또 그들을 미혹하는 마귀가 불과 유황 못에 던져지니

(마 13:39) 가라지를 뿌린 원수는 마귀요

(계 12:9) 옛 뱀 곧 마귀라고도 하고 사탄이라고도 하는 온 천하를 꾀는 자라

(요일 3:8) 죄를 짓는 자는 마귀에게 속하나니 마귀는 처음부터 범죄함이라

(요 8:44) 그는 처음부터 살인한 자요 진리가 그 속에 없으므로 진리에 서지 못하고 거짓을 말할 때마다 제 것으로 말하나니 이는 그가 거짓말쟁이요 거짓의

아비가 되었음이라

(엡 6:12) 우리의 씨름은 혈과 육을 상대하는 것이 아니요 통치자들과 권세들과
이 어둠의 세상 주관자들과 하늘에 있는 악의 영들을 상대함이라

(요 10:10) 도둑이 오는 것은 도둑질하고 죽이고 멸망시키려는 것뿐이요

3) 사탄을 상징하는 용어에는 어떤 것들이 있습니까?

(계 12:9) 옛 뱀 곧 마귀라고도 하고 사탄이라고도 하는 온 천하를 꾀는 자라

(계 12:3) 보라 한 큰 붉은 용이 있어 머리가 일곱이요 뿔이 열이라

(고후 11:14) 사탄도 자기를 광명의 천사로 가장하나니

(마 13:4) 뿌릴새 더러는 길 가에 떨어지매 새들이 와서 먹어버렸고

(요 10:12) 이리가 양을 물어 가고 또 헤치느니라

(벧전 5:8) 너희 대적 마귀가 우는 사자 같이 두루 다니며 삼킬 자를 찾나니

4) 나는 사탄과 어떻게 영적 전쟁을 하겠습니까?(에베소서 6:10-17)

2 사탄의 속성과 능력

1) 사탄은 어떤 속성을 가진 존재입니까?

(욥 1:8) 여호와께서 사탄에게 이르시되 네가 내 종 욥을 주의하여 보았느냐

(욥 1:9) 사탄이 여호와께 대답하여 이르되 욥이 어찌 까닭 없이 하나님을 경외
하리이까

2) 사탄은 어떤 능력을 행할 수 있습니까?

살후 2:9) 악한 자의 나타남은 사탄의 활동을 따라 모든 능력과 표적과 거짓 기
적과

(계 16:14) 그들은 귀신의 영이라 이적을 행하여 온 천하 왕들에게 가서 하나님
곧 전능하신 이의 큰 날에 있을 전쟁을 위하여 그들을 모으더라

(욥 2:7) 사탄이 이에 여호와 앞에서 물러가서 욥을 쳐서 그의 발바닥에서 정수리까지 종기가 나게 한지라

(계 13:13) 큰 이적을 행하되 심지어 사람들 앞에서 불이 하늘로부터 땅에 내려오게 하고

(계 13:2) 용이 자기의 능력과 보좌와 큰 권세를 그에게 주었더라

(신 13:2) 그가 네게 말한 그 이적과 기사가 이루어지고

(신 13:3) 너는 그 선지자나 꿈 꾸는 자의 말을 청종하지 말라

(마 7:22) 주여 주여 우리가 주의 이름으로 선지자 노릇 하며 주의 이름으로 귀신을 쫓아 내며 주의 이름으로 많은 권능을 행하지 아니하였나이까 하리니

(마 24:24) 거짓 그리스도들과 거짓 선지자들이 일어나 큰 표적과 기사를 보여 할 수만 있으면 택하신 자들도 미혹하리라

   3) 나는 이적과 기사에 대해 어떤 태도를 보였습니까?

   4) 나는 성령의 역사와 사탄의 역사를 어떻게 분별하겠습니까?

3. 사탄과 귀신이 하는 일

1) 사탄은 어떤 일들을 합니까?

(마 13:19) 악한 자가 와서 그 마음에 뿌려진 것을 빼앗나니 이는 곧 길 가에 뿌려진 자요

(마 13:25) 사람들이 잘 때에 그 원수가 와서 곡식 가운데 가라지를 덧뿌리고 갔더니

(눅 13:16) 그러면 열여덟 해 동안 사탄에게 매인 바 된 이 아브라함의 딸을 안식일에 이 매임에서 푸는 것이 합당하지 아니하냐

(눅 22:31) 시몬아, 시몬아, 보라 사탄이 너희를 밀 까부르듯 하려고 요구하였으나

(요 13:27) 조각을 받은 후 곧 사탄이 그 속에 들어간지라

(행 5:3) 베드로가 이르되 아나니아야 어찌하여 사탄이 네 마음에 가득하여 네가 성령을 속이고 땅 값 얼마를 감추었느냐

(고전 5:5) 이런 자를 사탄에게 내주었으니 이는 육신은 멸하고

(고전 7:5) 너희가 절제 못함으로 말미암아 사탄이 너희를 시험하지 못하게 하려 함이라

(고후 4:4) 그 중에 이 세상의 신이 믿지 아니하는 자들의 마음을 혼미하게 하여

(살전 2:18) 나 바울은 한번 두번 너희에게 가고자 하였으나 사탄이 우리를 막았도다

(계 12:13) 용이 자기가 땅으로 내쫓긴 것을 보고 남자를 낳은 여자를 박해하는지라

2) 나는 사탄의 어떤 유혹에 잘 넘어가고 있습니까?

3) 귀신들은 어떤 일들을 하고 있습니까?

(마 12:22) 그 때에 귀신 들려 눈 멀고 말 못하는 사람을 데리고 왔거늘

(막 5:5) 밤낮 무덤 사이에서나 산에서나 늘 소리 지르며 돌로 자기의 몸을 해치고 있었더라

(눅 8:35) 예수께 이르러 귀신 나간 사람이 옷을 입고 정신이 온전하여 예수의 발치에 앉아 있는 것을 보고 두려워하거늘

(행 5:16) 더러운 귀신에게 괴로움 받는 사람을 데리고 와서 다 나음을 얻으니라

(막 1:26) 더러운 귀신이 그 사람에게 경련을 일으키고 큰 소리를 지르며 나오는지라

(막 9:18) 귀신이 어디서든지 그를 잡으면 거꾸러져 거품을 흘리며 이를 갈며 그리고 파리해지는지라

(막 9:22) 귀신이 그를 죽이려고 불과 물에 자주 던졌나이다

(마 10:1) 예수께서 그의 열두 제자를 부르사 더러운 귀신을 쫓아내며

(딤전 4:1) 후일에 어떤 사람들이 믿음에서 떠나 미혹하는 영과 귀신의 가르침을

따르리라 하셨으니

(행 16:16) 우리가 기도하는 곳에 가다가 점치는 귀신 들린 여종 하나를 만나니

(막 5:13) 허락하신대 더러운 귀신들이 나와서 돼지에게로 들어가매

4) 나는 악한 천사들의 역사를 물리치기 위해 어떻게 하겠습니까?

4. 선한 천사들의 속성과 사역

1) 선한 천사들은 어떤 속성을 가지고 있습니까?

(히 1:14) 모든 천사들은 섬기는 영으로서

(요 20:12) 흰 옷 입은 두 천사가 예수의 시체 뉘었던 곳에 하나는 머리 편에, 하나는 발 편에 앉았더라

(삼하 14:20) 내 주 왕의 지혜는 하나님의 사자의 지혜와 같아서

(살후 1:7) 주 예수께서 자기의 능력의 천사들과 함께 하늘로부터 불꽃 가운데에 나타나실 때에

(마 28:2) 주의 천사가 하늘로부터 내려와 돌을 굴려 내고 그 위에 앉았는데

(단 9:21) 가브리엘이 빨리 날아서 저녁 제사를 드릴 때 즈음에 내게 이르더니

2) 내가 천사에 대해 잘못 알고 있었던 것은 무엇입니까?
우리를 돕는 천사들이 이런 존재라는 사실을 볼 때 나는 어떤 생각이 듭니까?

3) 선한 천사들은 어떤 일들을 합니까?

(히 1:14) 모든 천사들은 섬기는 영으로서 구원 받을 상속자들을 위하여 섬기라고 보내심이 아니냐

(계 12:7) 하늘에 전쟁이 있으니 미가엘과 그의 사자들이 용과 더불어 싸울새 용과 그의 사자들도 싸우나

(마 18:10) 삼가 이 작은 자 중의 하나도 업신여기지 말라 너희에게 말하노니 그
들의 천사들이 하늘에서 하늘에 계신 내 아버지의 얼굴을 항상 뵈옵느니라

(시 91:11) 그가 너를 위하여 그의 천사들을 명령하사 네 모든 길에서 너를 지키
게 하심이라

(창 19:11) 문 밖의 무리를 대소를 막론하고 그 눈을 어둡게 하니

(단 3:28) 그가 그의 천사를 보내사 자기를 의뢰하고 그들의 몸을 바쳐 왕의 명
령을 거역하고 그 하나님 밖에는 다른 신을 섬기지 아니하며 그에게 절하지 아
니한 종들을 구원하셨도다

(단 6:22) 나의 하나님이 이미 그의 천사를 보내어 사자들의 입을 봉하셨으므로
사자들이 나를 상해하지 못하였사오니

(행 12:11) 이에 베드로가 정신이 들어 이르되 내가 이제야 참으로 주께서 그의
천사를 보내어 나를 헤롯의 손과 유대 백성의 모든 기대에서 벗어나게 하신 줄
알겠노라 하여

(행 8:26) 주의 사자가 빌립에게 말하여 이르되 일어나서 남쪽으로 향하여 예루
살렘에서 가사로 내려가는 길까지 가라 하니 그 길은 광야라

(마 28:5) 천사가 여자들에게 말하여 이르되 너희는 무서워하지 말라 십자가에
못 박히신 예수를 너희가 찾는 줄을 내가 아노라

(슥 1:9) 내가 말하되 내 주여 이들이 무엇이니이까 하니 내게 말하는 천사가 내
게 이르되 이들이 무엇인지 내가 네게 보이리라 하니

(창 19:13) 여호와께서 이 곳을 멸하시려고 우리를 보내셨나니 우리가 멸하리라

(눅 16:22) 이에 그 거지가 죽어 천사들에게 받들려 아브라함의 품에 들어가고

(마 24:31) 그가 큰 나팔소리와 함께 천사들을 보내리니 그들이 그의 택하신 자
들을 하늘 이 끝에서 저 끝까지 사방에서 모으리라

4) 천사들의 도움을 받았던 경험이 있다면 나누어보십시오.
나는 하나님의 도우심을 믿고 어떤 일에 대해 기도하겠습니까?

5. 사탄의 숭배와 심판

1) 마귀를 숭배하는 형태에는 어떤 것들이 있습니까?

(계 13:4) 용이 짐승에게 권세를 주므로 용에게 경배하며 짐승에게 경배하여 이르되

(고전 10:20) 무릇 이방인이 제사하는 것은 귀신에게 하는 것이요

(행 16:16) 우리가 기도하는 곳에 가다가 점치는 귀신 들린 여종 하나를 만나니

(삼상 28:7) 그의 신하들이 그에게 이르되 보소서 엔돌에 신접한 여인이 있나이다

(신 18:10) 점쟁이나 길흉을 말하는 자나 요술하는 자나 무당이나

(신 18:11) 진언자나 신접자나 박수나 초혼자를 너희 가운데에 용납하지 말라

(출 7:11) 바로도 현인들과 마술사들을 부르매 그 애굽 요술사들도 그들의 요술로 그와 같이 행하되

(행 8:9) 그 성에 시몬이라 하는 사람이 전부터 있어 마술을 행하여

2) 이런 것들이 구체적으로 무엇인지 설명해 보십시오.

3) 사탄은 어떻게 될 운명입니까?

(창 3:15) 여자의 후손은 네 머리를 상하게 할 것이요

(요 12:31) 이제 이 세상에 대한 심판이 이르렀으니 이 세상의 임금이 쫓겨나리라

(고전 6:3) 우리가 천사를 판단할 것을 너희가 알지 못하느냐

(계 20:10) 또 그들을 미혹하는 마귀가 불과 유황 못에 던져지니 거기는 그 짐승과 거짓 선지자도 있어 세세토록 밤낮 괴로움을 받으리라

4) 내가 혹시 마귀를 숭배하는 행동을 했었다면 앞으로 어떻게 하겠습니까?

이 과를 마치면서

1. 영적 전쟁에서 승리하기 위해 성령의 능력으로 싸우십시오.

소감 및 깨달은 말씀

7. 주님의 재림

"이것들을 증언하신 이가 이르시되 내가 진실로 속히 오리라 하시거늘 아멘
주 예수여 오시옵소서" (계 22:20)

7

주님의 재림에 대해 신약 성경은 318번 정도 말하고 있습니다.

주님의 초림이 성취된 것을 볼 때 주님의 재림이 이루어질 것은 너무나 확실합니다.

종말이란 마지막 때, 다시 말해서 말세를 말합니다.

성경에서 말세는 예수님의 초림으로부터 재림까지의 기간을 말합니다.

(히 1:2) 이 모든 날 마지막에는 아들을 통하여 우리에게 말씀하셨으니

예수님의 초림으로부터 종말이 시작되었습니다.

하나님 나라는 예수님의 초림으로 시작해서 재림으로 완성되는 나라입니다.

우리는 지금 종말의 마지막 때를 살아가고 있습니다.

마태복음 24장과 25장은 마태복음에 나오는 5대 강화 중 마지막인 다섯 번째 강화입니다. 이것은 예수님의 감람산 강화로, 종말과 재림에 대한 말씀입니다.

이는 예수님이 제자들의 질문에 대한 답변으로써 말씀해 주신 것입니다.

1. 재림의 시대적 징조들

1) 예루살렘 성전의 멸망과 종말의 징조는 어떤 관계가 있습니까?

(마 24:1) 예수께서 성전에서 나와서 가실 때에 제자들이 성전 건물들을 가리켜 보이려고 나아오니 (마 24:2) 대답하여 이르시되 너희가 이 모든 것을 보지 못하느냐 내가 진실로 너희에게 이르노니 돌 하나도 돌 위에 남지 않고 다 무너뜨려지리라 (마 24:3) 예수께서 감람 산 위에 앉으셨을 때에 제자들이 조용히 와서 이르되 우리에게 이르소서 어느 때에 이런 일이 있겠사오며 또 주의 임하심과 세상 끝에는 무슨 징조가 있사오리이까

2) 종말의 시대에 나타날 징조들은 무엇입니까?

(마 24:5) 많은 사람이 내 이름으로 와서 이르되 나는 그리스도라 하여 많은 사람을 미혹하리라

(마 24:6) 난리와 난리 소문을 듣겠으나 너희는 삼가 두려워하지 말라 이런 일이 있어야 하되 아직 끝은 아니니라

(마 24:7) 민족이 민족을, 나라가 나라를 대적하여 일어나겠고 곳곳에 기근과 지진이 있으리니 (마 24:8) 이 모든 것은 재난의 시작이니라

(마 24:9) 그 때에 사람들이 너희를 환난에 넘겨 주겠으며 너희를 죽이리니 너희가 내 이름 때문에 모든 민족에게 미움을 받으리라

(마 24:10) 그 때에 많은 사람이 실족하게 되어 서로 잡아 주고 서로 미워하겠으며

(마 24:11) 거짓 선지자가 많이 일어나 많은 사람을 미혹하겠으며

(마 24:12) 불법이 성하므로 많은 사람의 사랑이 식어지리라

3) 세상 종말의 끝에 있을 징조는 무엇입니까?

(마 24:14) 이 천국 복음이 모든 민족에게 증언되기 위하여 온 세상에 전파되리니 그제야 끝이 오리라

4) 지금 이 시대에 이런 종말의 징조들이 나타나고 있습니까?
나는 고난받을 때 어떻게 하겠습니까?

2. 하나님을 대적하는 징조들

1) 재림 전에 일어날 하나님을 대적하는 징조들은 무엇입니까?

(마 24:15) 그러므로 너희가 선지자 다니엘이 말한 바 멸망의 가증한 것이 거룩한 곳에 선 것을 보거든 (읽는 자는 깨달을진저)

(마 24:21) 이는 그 때에 큰 환난이 있겠음이라 창세로부터 지금까지 이런 환난이 없었고 후에도 없으리라 (마 24:22) 그 날들을 감하지 아니하면 모든 육체가 구원을 얻지 못할 것이나 그러나 택하신 자들을 위하여 그 날들을 감하시리라

(살후 2:3) 먼저 배교하는 일이 있고 저 불법의 사람 곧 멸망의 아들이 나타나기 전에는 그 날이 이르지 아니하리니

2) 불법의 사람은 어떤 사람입니까?

(살후 2:4) 그는 대적하는 자라 신이라고 불리는 모든 것과 숭배함을 받는 것에 대항하여 그 위에 자기를 높이고 하나님의 성전에 앉아 자기를 하나님이라고 내세우느니라

(요일 2:18) 아이들아 지금은 마지막 때라 적그리스도가 오리라는 말을 너희가 들은 것과 같이 지금도 많은 적그리스도가 일어났으니 그러므로 우리가 마지막 때인 줄 아노라

(계 13:18) 그 짐승의 수를 세어 보라 그것은 사람의 수니 그의 수는 육백육십육이니라

3) 막는 자와 그 활동에 대해서 설명해 보십시오.
불법한 자와 막는 자와 재림의 관계를 시간적 순서에 따라 말해보십시오.

(살후 2:6) 그로 하여금 그의 때에 나타나게 하려 하여 막는 것이 있는 것을 아나니

(살후 2:7) 불법의 비밀이 이미 활동하였으나 지금은 그것을 막는 자가 있어 그 중에서 옮겨질 때까지 하리라 (살후 2:8) 그 때에 불법한 자가 나타나리니 주 예수께서 그 입의 기운으로 그를 죽이시고 강림하여 나타나심으로 폐하시리라

4) 종말의 때에는 순교적인 각오로 살아야 합니다.

나는 환난과 핍박을 받을 때 배도하지 않기 위해 어떻게 준비하겠습니까?

3. 재림의 시기와 양상들

1) 무화과나무의 비유는 우리에게 무엇을 가르쳐줍니까?

(마 24:32) 무화과나무의 비유를 배우라 그 가지가 연하여지고 잎사귀를 내면 여름이 가까운 줄을 아나니 (마 24:33) 이와 같이 너희도 이 모든 일을 보거든 인자가 가까이 곧 문 앞에 이른 줄 알라

2) 재림의 날짜를 모르는 것이 우리에게 어떤 유익을 줍니까?

(마 24:36) 그러나 그 날과 그 때는 아무도 모르나니 하늘의 천사들도, 아들도 모르고 오직 아버지만 아시느니라

3) 주님은 어떤 형태로 재림하실 것입니까?

((히 9:28) 구원에 이르게 하기 위하여 죄와 상관 없이 자기를 바라는 자들에게 두 번째 나타나시리라

(행 1:11) 너희 가운데서 하늘로 올려지신 이 예수는 하늘로 가심을 본 그대로 오시리라 하였느니라

(계 1:7) 볼지어다 그가 구름을 타고 오시리라 각 사람의 눈이 그를 보겠고 그를

찌른 자들도 볼 것이요

(마 24:44) 이러므로 너희도 준비하고 있으라 생각하지 않은 때에 인자가 오리라

(살전 5:2) 주의 날이 밤에 도둑 같이 이를 줄을 너희 자신이 자세히 알기 때문이라

(마 24:27) 번개가 동편에서 나서 서편까지 번쩍임 같이 인자의 임함도 그러하리라

(마 24:30) 그 때에 인자의 징조가 하늘에서 보이겠고 그 때에 땅의 모든 족속들이 통곡하며 그들이 인자가 구름을 타고 능력과 큰 영광으로 오는 것을 보리라

4) 주님 재림의 양상은 내가 어떤 미혹에 빠지지 않게 해 줍니까? 나는 재림의 때를 분별하기 위해 어떻게 하겠습니까?

4. 재림을 준비하는 자세

1) 우리는 어떻게 주님의 재림을 준비해야 합니까?

(딤후 4:8) 이제 후로는 나를 위하여 의의 면류관이 예비되었으므로 주 곧 의로우신 재판장이 그 날에 내게 주실 것이며 내게만 아니라 주의 나타나심을 사모하는 모든 자에게도니라

(빌 3:20) 그러나 우리의 시민권은 하늘에 있는지라 거기로부터 구원하는 자 곧 주 예수 그리스도를 기다리노니

(계 22:20) 내가 진실로 속히 오리라 하시거늘 아멘 주 예수여 오시옵소서

(마 24:4) 너희가 사람의 미혹을 받지 않도록 주의하라 (마 24:5) 많은 사람이 내 이름으로 와서 이르되 나는 그리스도라 하여 많은 사람을 미혹하리라

(마 24:6) 난리와 난리 소문을 듣겠으나 너희는 삼가 두려워하지 말라 이런 일이 있어야 하되 아직 끝은 아니니라

(마 24:13) 그러나 끝까지 견디는 자는 구원을 얻으리라

(마 24:11) 거짓 선지자가 많이 일어나 많은 사람을 미혹하겠으며

(마 24:12) 불법이 성하므로 많은 사람의 사랑이 식어지리라

(마 24:14) 이 천국 복음이 모든 민족에게 증언되기 위하여 온 세상에 전파되리니 그제야 끝이 오리라

(마 24:15) 그러므로 너희가 선지자 다니엘이 말한 바 멸망의 가증한 것이 거룩한 곳에 선 것을 보거든 (읽는 자는 깨달을진저) (마 24:16) 그 때에 유대에 있는 자들은 산으로 도망할지어다

(마 24:17) 지붕 위에 있는 자는 집 안에 있는 물건을 가지러 내려 가지 말며

(마 24:18) 밭에 있는 자는 겉옷을 가지러 뒤로 돌이키지 말지어다

(마 24:19) 그 날에는 아이 밴 자들과 젖 먹이는 자들에게 화가 있으리로다

(마 24:20) 너희가 도망하는 일이 겨울에나 안식일에 되지 않도록 기도하라

(마 24:21) 이는 그 때에 큰 환난이 있겠음이라 창세로부터 지금까지 이런 환난이 없었고 후에도 없으리라

(마 24:22) 그 날들을 감하지 아니하면 모든 육체가 구원을 얻지 못할 것이나 그러나 택하신 자들을 위하여 그 날들을 감하시리라

(마 24:23) 그 때에 사람이 너희에게 말하되 보라 그리스도가 여기 있다 혹은 저기 있다 하여도 믿지 말라 (마 24:24) 거짓 그리스도들과 거짓 선지자들이 일어나 큰 표적과 기사를 보여 할 수만 있으면 택하신 자들도 미혹하리라

(마 24:37) 노아의 때와 같이 인자의 임함도 그러하리라

(마 24:38) 홍수 전에 노아가 방주에 들어가던 날까지 사람들이 먹고 마시고 장가 들고 시집 가고 있으면서 (마 24:39) 홍수가 나서 그들을 다 멸하기까지 깨닫지 못하였으니 인자의 임함도 이와 같으리라

(마 24:40) 그 때에 두 사람이 밭에 있으매 한 사람은 데려가고 한 사람은 버려둠을 당할 것이요 (마 24:41) 두 여자가 맷돌질을 하고 있으매 한 사람은 데려가고 한 사람은 버려둠을 당할 것이니라 (마 24:42) 그러므로 깨어 있으라 어느 날에 너희 주가 임할는지 너희가 알지 못함이니라

(마 24:43) 너희도 아는 바니 만일 집 주인이 도둑이 어느 시각에 올 줄을 알았더라면 깨어 있어 그 집을 뚫지 못하게 하였으리라

(마 24:44) 이러므로 너희도 준비하고 있으라 생각하지 않은 때에 인자가 오리라

(마 24:45) 충성되고 지혜 있는 종이 되어 주인에게 그 집 사람들을 맡아 때를 따라 양식을 나눠 줄 자가 누구냐

(마 25:13) 그런즉 깨어 있으라 너희는 그 날과 그 때를 알지 못하느니라

(마 25:15) 각각 그 재능대로 한 사람에게는 금 다섯 달란트를, 한 사람에게는 두 달란트를, 한 사람에게는 한 달란트를 주고 떠났더니

(마 25:40) 너희가 여기 내 형제 중에 지극히 작은 자 하나에게 한 것이 곧 내게 한 것이니라 하시고

(막 10:29) 나와 복음을 위하여 집이나 형제나 자매나 어머니나 아버지나 자식이나 전토를 버린 자는 (막 10:30) 현세에 있어 집과 형제와 자매와 어머니와 자식과 전토를 백 배나 받되 박해를 겸하여 받고 내세에 영생을 받지 못할 자가 없느니라

(살전 3:13) 우리 주 예수께서 그의 모든 성도와 함께 강림하실 때에 하나님 우리 아버지 앞에서 거룩함에 흠이 없게 하시기를 원하노라

2) 이렇게 재림을 준비해야 할 이유와 그 방법들을 설명하십시오.

3) 나는 종말에 대해 어떤 태도를 가지고 있었습니까?
나는 이제 어떤 태도를 가지겠습니까?

4) 재림에 대해 교정해야 할 나의 태도는 어떤 것입니까?
나는 재림을 준비하기 위해 무엇을 버리고 무엇을 하겠습니까?

　1) 재림 때 그리스도 안에서 죽은 자들은 어떻게 됩니까?

재림 때 살아남은 자는 어떻게 됩니까?

(살전 4:13) 형제들아 자는 자들에 관하여는 너희가 알지 못함을 우리가 원하지

아니하노니 이는 소망 없는 다른 이와 같이 슬퍼하지 않게 하려 함이라

(살전 4:14) 우리가 예수께서 죽으셨다가 다시 살아나심을 믿을진대 이와 같이

예수 안에서 자는 자들도 하나님이 그와 함께 데리고 오시리라

(살전 4:15) 우리가 주의 말씀으로 너희에게 이것을 말하노니 주께서 강림하실

때까지 우리 살아 남아 있는 자도 자는 자보다 결코 앞서지 못하리라

(살전 4:16) 주께서 호령과 천사장의 소리와 하나님의 나팔 소리로 친히 하늘로

부터 강림하시리니 그리스도 안에서 죽은 자들이 먼저 일어나고

(살전 4:17) 그 후에 우리 살아 남은 자들도 그들과 함께 구름 속으로 끌어 올려

공중에서 주를 영접하게 하시리니 그리하여 우리가 항상 주와 함께 있으리라

2) 주님의 재림 때 일어날 사건들을 순서대로 말해 보십시오.

3) 죽은 자들을 위해 슬퍼하지 않을 이유가 무엇입니까?

4) 나는 공중에서 주님을 영접할 확신을 갖고 있습니까?

나는 주님을 부끄럽게 맞이하기보다 칭찬 받기 위해 어떻게 하겠습니

까?

이 과를 마치면서

　1. 주님은 심판주로서 재림하십니다. 나의 구원은 심판 가운데 구
　　 원입니다.

　　 나를 구원하시기 위해 다시 오실 주님께 감사드리십시오.

소감 및 깨달은 말씀

출 석 부

제　　　권　　제자양육, 훈련, 무장 과정　　　단계

출석 　／8 － 지각　　　　　　예습 A,B,C 중　　　　　기도 5번 일 : 10분 이상

날짜	과	이름	출 석	예 습	성경읽기	기 도	큐 티	암 송	과 제	인도자

출 석 부

두루제자훈련 제자화 과정 •

| 제자 양육 과정 5단계(35과) |

| 제자 훈련 과정 5단계(35과) |

| 제자 무장 과정 5단계(35과) |

우리는 평신도를 제자화하여 하나님의 나라를 확장한다.

1. 1992.1.28. 마태복음 9:35-38에 예수님이 모든 도시와 마을에 두루 다니사 가르치시며(teaching ministry) 전파하시며(preaching ministry) 고치시는(healing ministry) 사역을 하신 것을 통하여 두루선교에 대한 비전을 주셨다.

2. 우리는 교회를 중심한 제자훈련을 열심히 실시하여 왔으며 우리의 목표는 평신도를 제자화하여 하나님 나라를 확장하는 것이다.

3. 2004. 9.5. 창대교회에서 두루선교대회를 개최하여 캠퍼스 간사와 리더들과 평신도 리더들을 파송하고 지부와 교회 사역자들과 후원 이사들을 위촉하였다.

4. 두루제자훈련원 세미나는 2004년 12월 겨울학기부터 시작하게 되었는데 1년 7학기로 정기세미나를 실시하고 있다.

   1) 초봄 학기: 2월~3월 7주   4) 여름 학기: 8월 집중   7) 겨울학기: 1월 집중
   2) 봄 학기: 4월~5월 7주   5) 가을 학기: 9월~10월 7주
   3) 늦봄 학기: 6월~7월 7주   6) 늦가을학기: 11월~12월 7주

5. 현재 세미나는 목회자반과 평신도반이 개설되어 있으며 캠퍼스는 연세대, 서울대, 이화여대 등 여러 대학에서 사역하고 있다.

6. 두루제자훈련원 중점 사역들(교회 중심의 제자훈련)

   1) 단계별 소그룹 성경공부

      ① 제자양육과정(5단계: 35과)

      ② 제자훈련과정(5단계: 35과)

      ③ 제자무장과정(5단계: 35과)

   2) 주제별(연역적인 방법) 성경강의(100 Topics)

   3) 책별(귀납적인 방법) 성경연구(신구약 66권)

   4) 제자수련회를 통한 영성훈련

7. 세미나 및 교재에 대한 문의

   두루제자훈련원 평생 전화/ 0505-500-0505

   이메일 · duru@hanmail.net   홈페이지 · www.durums.org

   해외나 멀리 계신 분은 인터넷으로 통화할 수 있습니다.

8. 해외나 지역, 교회, 캠퍼스, 직장 등에서 제자훈련 사역을 하실 분은 연락 바랍니다.

9. 등록 및 후원 입금계좌: 신한은행 110-115-963454 (계좌명: 두루선교회)

저자 이문선 목사

총신대학교 신학대학원 3년 재학 중 제자훈련을 연구하여 논문을 작성하였고 캘리포니아신학대학원에서 제자훈련 논문을 출판하였다. 비브리칼신학대학원 목회학 박사과정 논문을 준비하고 있으며 지금까지 20년 이상 제자훈련을 연구하며 실시하고 있다. 현재 대한예수교장로회 총회(합동) 서울북노회 창대교회(일산) 담임목사로 섬기고 있으며 프리셉트 전문 강사로 일산을 중심으로 1998년부터 8년째 90학기(10주 과정) 정도 신구약 성경을 강의하였다. 두루제자훈련원(두루선교회)을 설립하여 2004년 12월부터 1년 7학기로 정기세미나를 인도하고 있으며 현재 목회자반과 평신도반을 강의하고 있고 연세대와 서울대와 이화여대를 중심으로 캠퍼스 사역을 실시하고 있다.

논문: 제자훈련의 이론과 실제
교재: 두루제자화 과정

제1권 110 제자양육 1단계 그리스도의 복음	제2권 120 제자양육 2단계 그리스도인의 성장
제3권 130 제자양육 3단계 그리스도인의 새생활	제4권 140 제자양육 4단계 그리스도의 교회
제5권 150 제자양육 5단계 그리스도인의 예배	제6권 210 제자훈련 1단계 그리스도인의 새생명
제7권 220 제자훈련 2단계 그리스도인의 확신	제8권 230 제자훈련 3단계 그리스도인의 생활
제9권 240 제자훈련 4단계 그리스도의 교리	제10권 250 제자훈련 5단계 그리스도인의 성숙
제11권 310 제자무장 1단계 그리스도의 제자	제12권 320 제자무장 2단계 그리스도인의 성품
제13권 330 제자무장 3단계 그리스도의 제자도	제14권 340 제자무장 4단계 그리스도인의 사역
제15권 350 제자무장 5단계 그리스도인의 지도력	

두 루 제 자 훈 련 원   제 자 화   과 정
제9권 제자훈련 4단계 그리스도의 교리

초판1쇄 발행일 ｜ 2009년 1월 15일
초판3쇄 발행일 ｜ 2019년 2월 28일

지은이｜이문선 펴낸이｜김학룡 펴낸곳｜엔크리스토
마케팅｜유영진, 조형준 관리부｜김정구, 오연희
교정｜김의수, 임유진 표지그림｜진형주

출판등록｜2004년 12월 8일(제2004-116호)
주소｜ 경기도 고양시 일산동구 장항동 585-2
전화｜(031) 906-9191 팩스｜0505-365-9191
이메일｜9191@korea.com
공급처｜(주)기독교출판유통

ISBN 978-89-92027-58-8 04230
      89-92027-02-8(세트)

● 잘못된 책은 바꾸어 드립니다.
● 이 교재의 사용 방법, 내용, 훈련, 세미나에 대한 문의는 두루제자훈련원(0505-500-0505)으로
   해주시면 최선을 다해 도와드리겠습니다.